中公文庫

邱飯店交遊録

私が招いた友人たち

邱　永漢

JN009836

中央公論新社

目次

邱飯店交遊録

私が招いた友人たち

最初のお客は佐藤春夫と檀一雄

邱飯店というと、中華料理屋の名前を連想されるかも知れないが、実は私の家の料理のことである。

私は食べることが好きで、料理に興味をもっており、「千里の道を遠しとせず」して、うまい料理を食べに行くばかりでなく、それをできれば我が家の食卓で再現しようとする。また料理屋の料理だけが料理であるとは思っていないから、ふだん食べるものに気をつけており、少しでもおいしいものを、食卓に出してもらうように努力している。さらにまた、自分の家の食事は誰にも負けないという自信をもっているので、生来の客好きということも手伝って、友達を自分の家へ招待する。そのなかには、日本国中でこれはと思われる文人墨客や実業家たちもたくさん含まれているので、いつしか、

「あの家の中華料理はうまいぞ」

と喧伝されることになり、小説家仲間のなかには私のところから招待の電話がかかると、「やっと順番がまわってきましたか」と喜んでくれる人もあれば、もう故人になってしまったが東宝の藤本真澄さんのように、「どうして私にご馳走してくれるのですか。何が目的ですか？」と私の秘書に執拗に食いさがった人もある。

「いいえ、目的は特にございません。食いしん坊の人が集まって、ご馳走を食べ、お話をするだけです」

と私の秘書は懸命に説明して、漸く納得してもらったそうである。してみると、小説家をご馳走しても、とくにメリットがないことを小説家自身もよく知っているから、小説家は私の動機を疑わないが、実業家は商売上の便宜を図ってもらうために、人をご馳走するのが常だということになる。藤本さんの場合は映画監督から東宝の副社長になって、以後、半分以上、実業の世界にのめりこんでしまったので、「人をご馳走するからには、何か魂胆があるに違いない」と思うようになったのであろう。

私にいわせれば、「商売のためにご馳走をする」のも大切だが、商売の必要がおこってからご馳走をするのでは、やや遅きに失する。むしろふだんから往き来があり、酒食を共にする仲間であって、一旦緩急ある場合に、力を貸してもらうというのが順当ではないだろうか。中国の諺にも、「養兵千日、用兵一天」とあるように、いざ戦争になってから、兵隊や馬をかきあつめるのでは間に合わないのである。そういう言い方をすると、私が人をご馳走するのも、遠謀深慮があってやっているように思われかねないが、私の場合はもう少し動機が純粋だといってよいだろう。食いしん坊同士が集まって、同じ食卓をかこみ、「今日の料理はおいしかった」「いや、あれは出来が悪かった」「どうして出来が悪かったのか」と、あまり毒にならない意見を述べあい、また楽しい世間話に花を咲かせることができたら、それで満足する方だからである。

しかし、そのためには誰が食事に興味を持ち、誰が食べ物に無関心か、ふだんから気をつけていなければならない。大宅壮一先生は「醬油とソースの区別がつかなかった」という伝説があるくらい味オンチだそうであるが、現存する有名人のなかにも、「食事については何を食べても同じ」という人が意外と多い。ある人は私に、「自分は料理には全く関心がありません。どうして世間の人はあんなに何がうまくて、何がまずい、とうるさいことをいうのでしょうね」と疑問を投げかけた。私は笑って、「ああ、そうですか？」と答えただけで、別に反論もしなかったが、この人は家へ招待しないことにした。食べることに楽しみを見出だせないなんて気の毒な人だなあとは思うが、この人は、いつ会うときも、違った女性を連れて歩いている。女を二人連れて、三人で同じ部屋に泊っているところを目撃したこともある。だから、「人間、それぞれに楽しみが違うものだなあ」と思ったものである。

またある人が、「自分にとって食事はどうでもいいことだ。もっと心をひかれることが世の中にはたくさんある」と雑誌に書いているのを読んだことがある。そういう人を間違っても招待しないように、ちゃんと記憶にとどめておくのも、考えてみれば、余計な作業であるが、そういう形で私に覚えられている人も世の中にはあるのである。食べ物に関心のない人がどういう視点から社会現象や文化現象をとらえるのか、私には興味がある。したがって、味オンチが縁になって、私がその人の文章を、目にふれる度に読んでいるというケースもある。ただ惜しむらくは、味に関心を示さない分だけ、味わいのうすい文章になっていることも事実だ。

味にまったく関心を示さない人だとか、何を食べても同じだという人も、けっして少なくないが、味に関心をもっている人は遥かに多い。世の中が豊かになるにつれて、その人数はふえる方向にある。文章を書く人のなかにもそういう人は多いし、俳優とか映画評論家とか声楽家のなかにも、食いしん坊であることが病こうじて遂に食味評論家とか食通になってしまった例もある。そういう人のなかにも、ホンモノとニセモノがまじっているし、ただのジレッタントもおれば、ただのリクツ屋もまじっている。

世の中の他の世界で起っているようなことが、この世界にもちゃんと起っているのである。しかし、そういう人たちは、ホンモノ、ニセモノ含めてすべて我が家のお客様である。ニセモノには、私はニセモノです、と貼り札がしてあるわけではないし、ニセモノほど本物にニセてあるから、とても私では区別がつかない。ニセモノだって、食事には熱心だから、「何を食べても同じ」人よりは、我が党の士であることに変りはないのである。

私が文士業に転向すべく、東京へ戻ってきたのが昭和二十九年四月だから、東京在住になってから既に三十年近い。私の生涯において最も長く住んだところであるばかりでなく、今後も、よほど大きな変化でもないかぎり、住みつづけることになるだろう。その東京へやってきて、私が一番はじめに正式に人を招待したのが昭和二十九年九月二十三日であり、以後、今日に至るまで招待した人たちの当日の「菜単」（メニュー）と名簿の大半が我が家にそのまま残っている。

人を招待したことくらい何でもないことであり、自慢になることでもないが、三十年近い歳月がたってみると、ちょっとした我が家の歴史になっている。とりわけ戦後の文人墨客の中で、我が家にお見えになった人も結構たくさんいるので、食卓を前にして誰がどんなことを喋ったということを記録しておくと、案外、「食事をとおして見た日本の文化外史」を物語ることになるような気もしないではない。どちらにしても天下の帰趨とはあまり関係のない、文字通りの、「日常茶飯事」であるが、食卓の話題は楽しいものだし、天下の一大事や一家の運命とあまりかかわりのない閑話として読んでいただきたい。

さて、私がどうして、我が家で真っ先にお客をしたのが昭和二十九年九月二十三日と明言できるかというと、私の手元に当日のメニューが残っているからである。のちに、私のうちのメニューはすべて色紙に書かれ、当日のお客が署名するように改められたが、一番はじめの分は、原稿用紙に私が自分で書きこんでいる。その原稿用紙を見ると、「満寿屋製」と印刷されている。

それで思い出したが、満寿屋の原稿用紙を使うようになった因縁話がある。東京に住む前、私は香港に六年ばかり住んでいた。香港に流れて行った原因や香港での生活についてはほかにも書いたことがあるので、ここで改めてくりかえさないが、香港生活の最後の頃は、年に二回くらい香港と東京の間を往復していた。たまたま台湾の友人の一人が、政治亡命のために、香港経由で、日本へ密入国をし、昔、勉強していた東大文学部に再度、入学していた。密入国しても、ちゃんと大学へ戻れたのは、学籍があったことと、もともと台湾人は日本籍だったからであるが、終戦後、台湾人は中国人ということになってしまった。私の友人は既に結婚していて、子供も一人あったので、妻が娘を抱いて、観光ビザをもらって日本へ入国し、東京に同居していた。観光ビザは二ヵ月しか滞在期間がなく、理由をつけて延期しても、二回しか延期はできない。六ヵ月の期限が切れる直前になって、友人は自分が名乗り出て、請願をすれば、滞在許可をもらうことも可能と考え、出入国管理局に自首してでた。出入国管理局が不法滞在について法廷に訴えたので、裁判になり、一審でも二審でも「強制退去」と宣告され、ちょうど最終審のときに、私が東京に来ていてその話をきいた。

私も似たような立場だったし、友人の立場に同情し、裁判長に訴えるために東京にいる間に、二、三日で「密入国者の手記」という五十枚ばかりの小説を書きあげた。当時、私は文壇とはまったく無縁で、知っている人といえば、講談社の『キング』や『講談倶楽部』で大衆小説を書いていた西川満氏だけだった。西川氏はかつて台湾日々新報の学芸部長をやっていたことがあり、媽祖《まそ》書房とか日孝山房とかいった限定本の出版元として知られており、中学生から高校生であった時分、文学青年だった私がずいぶんお世話になった人である。私は書きあがった原稿を持って阿佐ヶ谷に住む西川氏を訪ねた。西川氏は、私の原稿を見ると、自分は長谷川伸先生の研究会に所属しているから、あすこの勉強会で読んで、皆の批評を仰ぐことにしようと親切にいってくれた。

　そのとき、西川氏は私が街で売っているのを見て、原稿用紙は満寿屋のがいいですよ、と教えてくれた。

「長谷川伸先生も、丹羽文雄さんも、坂口安吾さんも、川端康成さんも、みんな満寿屋の原稿用紙を使っています。まあ、プロはみな、あの原稿用紙を使っていますね」

「じゃ、すみませんが、その原稿用紙を買って、航空便で香港まで送ってくださいませんか」

　と私はお願いした。

　西川さんは小まめな人で、すぐに約束をはたしてくれ、長谷川伸先生の勉強会である新鷹会で私の原稿を読んだところ、山岡荘八氏も村上元三氏も激賞してくれ、君がどれだけ手を入れたか、ときくから、一行も手を入れていないといったら、じゃ才能がある人だから、ガンバるようにいってくれ、といわれた旨、手紙をくださった。同時に、満寿屋の原稿用紙をドサリと送ってくれた。

　駈け出しのときに、先輩に賞められることくらい勇気づけになることはない。菊池寛の半自叙伝を読んでも、新人の批評については、慎重でなければならない旨、何回もくどくどと述べている。おそらく誰にとっても思い当るフシのあることであろう。

おかげで、私はすっかり自信がつき、すすめられるままに、『オール読物』新人杯の募集小説に香港から応募してみた。そうしたら、私の書いた「龍福物語」という百枚の原稿が九百何十篇ある応募小説の中で、最後の五篇に残った。五人いた審査員の中で、尾崎士郎、小山いと子の両氏が賛成したが、他の三氏が反対したために、私は受賞からもれた。しかし、二作目に書いた小説がオープン戦で最後まで残ったことが私に自信をもたらし、私が小説家になる動機となった。のちに文藝春秋の人と一緒になったら、原稿が香港から送られてきたことと、その原稿にプロの使う原稿用紙が使ってあったことが予選の編集者たちの注目をひいたんだよ、といわれた。あるいはその通りかもしれない。以来、直木賞をもらうまでの間、私はずっと満寿屋の原稿用紙を使っていた。一番最初のメニューを見ると、この満寿屋の原稿用紙に、出席者は、佐藤春夫、佐藤千代夫人、檀一雄、加賀淳子、同ご主人、鶴野峯正と私が自分の筆で書いてある。

〝一本刀土俵入り〟の世界

我が家の最初のお客が佐藤春夫先生と檀一雄さんであったことについては、わけがある。

まだ東大経済学部の学生だった頃、私は高校時代に引きつづいて、文学青年気分が脱けきらず、休みになると、原稿用紙をリュックの中に入れ、温泉宿などに行って、下手クソの小説を書いていた。同じ経済学部の二年上に、同じ台湾から留学にきていた郭徳焜という友人がいた。この友人が、あるとき、私に、

「芥川賞の候補になった若い小説家に、檀一雄さんという人がいる。まだ名前が出かかった程度の駈け出しだけれど、知り合いになっておいたらどうだい?」

なんでも、東亜経済研究会というのができ、誰かの口ききで、そこの嘱託になっている人だそうである。私自身、文学青年であったが、文学で飯を食っていけるとは露ほども思っていなかったし、小説家と知り合いになっても仕様がないと考えていたの

で、曖昧な返事をしただけで、本人とは遂に顔を合わせなかった。

ところが、戦後、香港と日本の間を往復するようになって、帰りの船の中で読む本を買おうと思って、本屋に出かけて行ったら、『オール讀物』を見ても、『小説新潮』をめくっても、檀一雄という名前が盛んに出てくる。あるときなど、神戸の本屋に入って、『文藝春秋』をめくっていたら、捕鯨船に乗って南氷洋に行った檀さんのルポが載っていて、

「この人、人気作家になったんだなあ」

と漸く実感が湧いてきた。

さて、香港から東京へ家族連れで引越してきた私は西川満さんに連れられて、長谷川伸先生のところへ挨拶に行き、そのまま新鷹会のメンバーとして研究会に出席するようになった。長谷川伸先生は、「一本刀土俵入り」とか「沓掛時次郎」とかいった代表作からもうかがわれるように、股旅物の大家であり、日本的義理人情の家元のような人であるが、それだけに新しく小説を書こうと志している若い人に対しても面倒見がよく、小説の研究会、芝居の脚本の研究会など、いくつかの会を主催していた。新鷹会というのは、その中の小説研究会につけられた名前で、会員には、土師《はじ》清二、山手樹一郎《きいちろう》、山岡荘八、村上元三、大林清、棟田博、鹿島孝二、山田克郎など錚々《そうそう》た

るメンバーがおり、ちょうど私と前後して入会して、のちに賞をとった人に、戸川幸夫、新田次郎、平岩弓枝、池波正太郎の諸氏がある。

小説を書くのに、グループで集まって研修してはたしてどれだけの効果があるか、私はいまでも疑問に思っている。文章書きは個人的才能に負うところが大きく、才能のない人がいくら人に欠点を指摘されても、その欠点がなおるものでもなければ、にわかに才能に磨きがかかるとも思えないからである。現に、新鷹会のなかにも、この道何十年というベテランがおり、苦節十年というコトバもあるように、何十年やっても芽が出ない人がたくさんいた。これらの人々に対して、私は、

「一年間、一所懸命小説を書いてみるが、もし駄目だったら、才能がないと思ってあきらめるつもりだ」

といったら、生意気なやつだと叱られた。小説を書いて名をなすためには長い、苦しい修行が必要で、駈け出しが偉そうなことをいうな、というわけである。しかし、私はこういう仕事は才能がなければできない仕事であると考えていた。「才能がないとわかったら、なるべく早く足を洗うにこしたことはない、人生、何も物を書くだけが世渡りの方法じゃない」というのが私の信念だったのである。だから、つい本当のことをいってしまったのだが、実際にやってみると、一年目に直木賞の候補になった

ものの、その期は当選しなかった。かといって、途中でやめることもできず、結局、もう一年かかってどうやら直木賞を受賞し、一人立ちできるようになったのである。

東京に出てきた私は、世田谷区の九品仏というところに、三間つづきの鰻の寝床のような細長い借家を、家賃一万六千円で借りて住んだ。東京へ来たのは、小説を書く目的もあったが、主たる目的は、香港で生まれた長女世嬪の首すじにできた紅い痣《あざ》をなおすためであった。週にいっぺん、約一年間、治療のために通わなければならない国立第二病院は世田谷区の駒沢にあり、そこの門前からバスに乗って着いたところが自由ヶ丘であった。その自由ヶ丘で、不動産屋にとびこんで「どこかこの辺に貸家はありませんか?」と尋ねたら、隣り駅の九品仏へ連れて行かれた。家を見て一度で話がきまり、財布の中から、一ヵ月分の家賃に相当するブローカー料を払ったが、まだ皆の月給が一万円くらいの時分であったから、親子三人で部屋三つの家はどん底生活というほどでもなかった。

その一番奥の四帖半が私の仕事部屋で、机も椅子もすべて姉の家からの借物であった。その中古の机の上で、私は「濁水渓」という、一篇が百枚ずつの三部作になった小説を書いた。小説の内容は、第一部が戦争中、東大に留学していた台湾人の青年が志願兵になることを拒否して日本国中を逃げまわる話であり、第二部は戦後、夢を抱いて台湾へ帰ってきた青年が二・二八事件という反政府運動にまき込まれて、失意のうちに台湾を脱け出す話であった。さきに書いた「密入国者の手記」は、長谷川先生の主催する『大衆文芸』に発表されたが、今度も同じ『大衆文芸』に発表してもらうべく、私は編集長の島源四郎さんを訪ねた。島さんは昭和のはじめにあった『新小説』という雑誌の編集長だった人であり、長谷川先生とは、奥さん同士が姉妹だったこともあって、新鷹会の雑誌の編集の責任者であった。新人の発掘に異常な情熱をもち、私のような駈け出しの書いた原稿でも、いちいちていねいに読んでくれたうえに、懇切な感想を述べてくれる親切な人だった。

島さんは私の「濁水渓」に対しても、雑誌に掲載することにはすぐ同意してくれたが、百枚だと予定ページ数をとび出してしまい、予算をオーバーするといって難色を示した。結局、印刷費のとび出した分は私が個人で支払うことで折合いがつき、確か一回につき、二万何千円かの代金を負担した記憶がある。ついでに申せば、私が書いた短篇小説を島さんが『面白倶楽部』という娯楽雑誌の編集長に見せたところ、「三篇三万円で買うが、どうだろうか」という返事が戻ってきた。新鷹会の売れない作家の中にはこういう雑誌で生計を立てている人もあったが、私は雑誌をパラパラとめくってみて、どうも自分の踊る舞台でないような気がしたので、お金は欲しかったが、お断わりをした。お金をもらわずに痩我慢をしたばかりでなく、同人費を払うみたいな形で、自分の原稿書き稼業をスタートさせたのである。

活字になった自分の第二作「濁水渓」を何度も読みかえしながら、私は雑誌と自分の小説の内容との間に一種名状しがたい違和感を覚えた。長谷川先生をはじめとして、周囲の人はたいへん親切に面倒を見てくれたし、激励の言葉もあまたちょうだいしたが、私の書く物と、すぐにも歌舞伎や新国劇の舞台にのせられる股旅物の世界は、なんとも世界が違うような気がしてならなかった。「知」と「情」の違いといったら叱られるかもしれないが、もし文学に「知性の文学」と「情感の文学」があるとしたら、その違いとでもいったらよいだろうか。私が考えている文学と、私の周囲にいた人たちの文学には異質のものがあって、それが私に苛立ちをあたえるので、私は誰かに救いを求めたい気持を禁ずることができなかった。

私は、香港へ帰るプレジデント・ラインの船の中で読んだ檀一雄さんの小説のことを思い出していた。まさか自分が小説家になろうとは思っていなかったので、檀さんとは知り合いになりそびれてしまったが、檀さんと郭君とは親しくつきあっていた様子だから、檀さん自身も台湾のことに案外、関心をもっているかもしれない。もしそうだとしたら、私の小説は読んでくれるかもしれない。そう思ったので、私はできあ

がった雑誌に葉書を添えて、

「私は郭徳焜の友達です。郭君や私が台湾へ帰ってからおこった出来事を小説に書きましたので読んでください」

という意味のことを書き送った。

一週間するかしないうちに、島源四郎さんのところから私に、「檀一雄さんから電話があって、小説は読んだ、出版社の世話をするからきてほしい、といっていましたよ」と連絡があった。

私は夢かと喜んで、すぐに檀一雄邸に電話をかけた。奥さんが電話口に出て、

「檀はいま奥多摩に行っていて、生憎と留守なんです」

「いつお帰りになるのでしょうか？」

「さーあ。いつになりますか、あの人のことですから、はっきりしませんねえ」

いまにして思えば、檀さんは神出鬼没、予定なんかたてずに、どこにでも行ってしまう人だから、奥さんが返事ができないのも無理はなかったのである。

失礼とは思ったが、いっぺんお宅に挨拶に行っておいた方がよいと考えたので、私は何やら手土産を持って、石神井公園にある檀邸に訪ねて行った。高い塀をめぐらした四百坪からある大邸宅で、木の門をくぐって中に入ると、古めかしい日本家屋の玄

関があった。

　案内を乞うと、奥さんが出てきたが、やはり檀さんは不在である。用向きをいうと、奥さんは承知していて、

「もうそろそろ帰ってくる頃だとは思いますが、おいでになる前に、ちょっとお電話をしてみてください」

　とすまなそうな顔をなさった。

　半分がっかりした気分で、私はまた電車に乗って家へ帰ったが、原稿を書いてもほかに見てもらうあてがなかったので、毎日毎日いつ檀さんは帰ってくるのだろうか、とそればかりを待った。

　すると、ある夕方、配達されてきた朝日新聞の夕刊をひらくと、「檀一雄、奥多摩で石にあたって負傷」という三面記事がいきなり目の中にとびこんできた。私は自分が石をぶっつけられたより驚いて、すぐ檀邸に電話をかけた。奥さんは慶応病院に行っていないが、留守をしている人の話によると、生命に別条はないという。私にしてみれば、せっかく拾ったチャンスがまた指の間から逃げてしまうかもしれない瀬戸際だったから、気が気でなかった。

　次の日、とるものもとりあえず、私は病院に見舞いに出かけた。檀さんの病室をき

き、おそるおそる階段をあがった私は、ひっそりとした陰鬱な病室風景を想像していた。ところが、檀さんの部屋の扉をあけて来意をつげると、「どうぞ」といって、すぐに中へ通された。

そこには檀さんの九州時代からの親友である東映の坪井與《あたえ》さんやビデオホールの水田三郎さんらがわいわいいって、酒杯を傾けていた。

檀さんはあお向けに寝たままの姿で私に会い、

「小説は一部と二部と読みましたよ。もう出版社には話をつけましたから、このつぎきたときにここでひきあわせましょう」

私は症状をきき、あまり長くお邪魔をしていると身体にさわるといけないと思ったので、すぐにも辞し去るつもりでいたが、坪井さんたちは私をひきとめ、

「檀のやつ、もう少し当りどころがよかったら、今頃、もうお陀仏になっていたところですよ」

といいながら、私にも酒をすすめ、相変らず陽気にはしゃいでいる。なんでも昨夜も、近所からやかましい、と文句をいわれたそうだが、本人たちは平気の平左で、檀さんの病気を肴に酒杯を重ねているのである。その雰囲気があまりにも普通の人と違っていたので、私はびっくりもしたが、文士というのは変った生き方をする人たちだ

なあと改めて感心もした。

帰るときに、またいらっしゃい、といわれたので、私は臆面もなく一日おきくらいにお見舞いに出かけた。檀さんは日がたつにしたがい、元気を取り戻し、見舞いの客もますます多くなり、病室の中はパーティの会場さながら、いよいよ賑やかになっていった。

〝邱飯店〟開店

私は小説家として一日も早く一人立ちできるようになりたいと思っていたので、頭の中はいつも小説のことで一杯であった。

病床にあった檀一雄さんは、やがてベッドの上に起きあがれるようになったが、石にあたった傷口の手当てがあるので、すぐにはベッドを離れることができない。

「いまが一番ひまだから、原稿を持っていらっしゃい。いまなら、見てあげられますよ」

慶応病院に見舞いに行くと、檀さんはそういってくれた。私が自分の書いた小説をおいて帰り、二、三日してまた見舞いに行くと、

「邱さんは原稿の書き方を誰に教わりましたか？」

「別に誰に習ったということはありませんが……」

と怪訝な顔をして答えると、

「いや、原稿用紙の埋め方のことですよ。はじめて小説を書く人のなかには、原稿用紙の埋め方も知らない人が多いでしょう。一行目の一番上を一字あけておくとか、会話になったときは、カギをつけて、その次のマス目から書きはじめるとか、行をかえるときは、また上の一字をあけるとか、誰かに教わらなければ、ちゃんと書けないものですよ」

「さあ。何とはなしに、見様見真似ではじめただけですけれど」

小説の中身よりも、原稿用紙の書き方のことをいわれたのにはびっくりした。

私は「濁水渓」につづいて、「検察官」とか「敗戦妻」とか「客死」という小説をつぎつぎと書いていたが、病院に行くたびに、新しく書いたものを持って行くので、檀さんは感心して、

「いくらでもつぎからつぎへとできてくるのですね。いったい、いつ書くのですか?」

「ほかにやることがないものですから、一日中、机に向っているんです。二日に一篇ぐらいの割合いで書けます」

ある日、私が「刺竹」という短篇をもってたずねて行くと、檀さんは手放しで賞めてくれ、

「この一篇だけで、君の小説家としての才能を認めます。君は百万円作家にはなれな

いけれども、十万円作家にはすぐになれます」

百万円作家とは、月に原稿料収入が百万円以上になる人のことで、昭和二十九年の時点で、百万円の収入があるということは、大新聞に連載小説を書かせてもらえる作家に限られていた。それに対して、十万円作家とは、『新潮』や『文学界』や『群像』に、四、五十枚くらいの短篇を月に一篇か二篇載せてもらう、いわゆる純文学作家のことである。当時は、『新潮』や『群像』に書いて、新人でせいぜい一枚五百円か七百円、『オール読物』か『小説新潮』に書いて、やっと千円程度であった。つまり、私は流行作家にはなれないが、文芸雑誌に名をつらねる程度の物書きにはなれますよ、というのである。

「日本人は、究極において日本的義理人情にしか興味を示さないから、君のような小説では新聞社がうけつけてくれないだろう。もっとも、それは文学としての評価とは何の関係もないことだけど」

まだ原稿がまったく売れなかった頃のことであるから、毎月『新潮』か『文学界』に原稿が載るようになれるといわれただけでも、私は天にものぼる気持であった。病院に行くと、私はつい長っ尻になり、よく食事の時間まで坐り込んだ。私が帰りかけると、そこへまた坪井與さんや水田三郎さんたちが押しかけてきて、酒盛りをはじめる。坪井さんは東映のプロデューサーで、のちに東映専務をつとめた人である。

「ここは、シナ料理の出前しかなくてね。毎日、同じ料理だけど、食事をしていって下さい」

　客の長っ尻など少しも気にせず、来る人、来る人に片っぱしから酒や料理を出す。二間つづきの病室で、入院費だってどれだけかかるかわからないのに、さすが流行作家になると豪勢なものだな、と私は半ば感心もし、半ば心配もしたが、檀さんは奥さんに命じてつぎつぎと出前が届けてきた料理を気前よく客の前に並べた。私も皆のおつきあいをしてご馳走になったが、

「うまいですか？」

　ときかれて、嘘はつけなかったので、

「あまりうまいとはいえませんね」

　すると、檀さんはニコニコして、

「ふだん、どんなものを食べているのですか？」

「僕は食事のうるさいうちに育ったものですから、口だけは奢っているんです、何しろ僕の家では、毎晩、食事に二時間はかかっていましたから」

　私は少しばかり自分の生家の話をした。それから、自分の家で毎日、何を食べてい

るかといったようなことも話した。

「すると、お料理は全部、奥さんがおやりになるのですか？」

「うちの女房はお嫁にくるまでは、飯の焚き方も知らなかったのですが、僕のところへきてから料理の仕方を覚えました。香港にいた時分、料理のできる女中さんがいたんですが、毎日、同じようなものを出すと、僕がハンガーストライキをやって、箸をつけなかったものですから、女房がびっくりして家へ帰って、あれこれ習ってきましてね。東京へきてからは、女中さんといっても、文字通りのお手伝いさんで、何ひとつできませんから、料理はすべて女房がやっています」

「奥さんの手料理、いっぺん食べてみたいですね」

「ええ、ぜひ。病気がなおったら、うちに来てください」

と私は誘った。

やがて檀さんは退院できることになり、慶応病院から石神井公園のお宅に戻ったが、あとできいたところによると、家へ真っ直ぐ戻らず、退院したその足で、新潮社を訪れて、私の原稿を『新潮』の編集者に売り込んでくれたそうである。

しかし、それらの原稿は、檀さんの強い推輓にもかかわらず、長い間、お蔵にされたままだった。編集者というのは、無名の作家にはまことに冷たいもので、新人の発掘を志しているというけれども、自分の目に自信をもっていないものが多いから、自らすすんで冒険はやりたがらない。結局、私の「刺竹」という小説が『新潮』に掲載されたのは、それから一年半以上もたって、私が直木賞の受賞をしてからのことであった。

ある日、檀さんは、師匠のところへ行くから、一緒に行かないか、と私を誘ってくれた。師匠とは、佐藤春夫先生のことである。佐藤春夫といえば、「さんまの歌」を中学時代の国語教科書でならったばかりでなく、文学少年だった頃の私が愛唱した幾多の珠玉のような詩の作者である。『殉情詩集』とか『車塵集』とかを、私は諳んじることができたし、「酒、歌、煙草、また女、ほかに学びしこともなし」なんていうのは、いまでも覚えている。また「女誡扇綺譚」とか「霧社」は私の故郷を旅行したときの産物であり、確か谷崎潤一郎の夫人に横恋慕して失敗していた直後南方旅行を試みたと何かで読んでいたから、その頃の作品ということになる。その後、恋が成就して、大正末期に、三人連名で、友人たちに、女房を譲渡する旨の挨拶状を出したことで世間の物議を醸した。そんなプライベイトなことまで知っているのは、私が佐藤先生の熱心なファンだったからであろうが、まさか自分がそういう偉い先生のところへ連れて行かれるようになるとは思ってもいなかっただけに、胸のとどろくのを禁ずることができなかった。

佐藤先生の家は小石川の関口台町というところにあった。塀も壁も濃いピンク色に塗った、一見、中国趣味と西洋趣味をチャンポンにしたような西洋館で、玄関をあがると、椅子をおいた応接間になっていたが、応接間の半分に畳がしいてあって、低い日本風の机を前に佐藤先生は正座をしていた。一見、豪放に見える檀さんも、佐藤先生の前に出ると、神妙な顔をしていて、何をきかれても、ハア、ハア、と書生のような応対の仕方をしている。

「この人が邱君です」と檀さんが紹介をすると、先生は縁なしの眼鏡の奥から私の方を覗き込むようにして、

「あの小説は合格です」と答えた。

檀さんが目下、現代社という出版社に頼んで単行本を出版することになっており、先生に推薦者になっていただきたいというと、先生はすぐに承知された。

佐藤先生の写真は、本や新聞紙上で何回も見かけたことがあるが、土佐の言葉でいえば〝異骨相〟という表現がふさわしい、一種、独特の風貌である。顔のつくりのなかで、一番目立つのがケタはずれに大きな耳で、しかもその耳の中身が外へむき出しになっている。目つきはギョロリとしていて、はじめて会う人はいかめしさを感じて、

「怖い人だな」と思い込んでしまう。しかし、話をしてみると、諧謔的で、盛んに人を笑わせるようなことをいう。なんでもズバズバいうわりには、細かいところにも気がついて、やはり小説家だな、という神経質なところがある。反対に、奥さんの方は、客扱いがよく、お茶だ、お菓子だ、と忙しく立ちまわっているが、先生には遠慮のない口答えをし、先生が気を悪くするのではないか、と思うようなことでも平気で口にする。そのコントラストが漫才のやりとりみたいになっていて、一種独特の雰囲気をかもし出している。

　そのときだったか、それとも再び伺ったときであったかは忘れたが、檀さんが佐藤先生に向って、

「邱君の奥さんがお料理が上手で、先生ご夫妻をご招待したいといっています」

　というと、佐藤先生はたいへん喜んで、

「それは有難いね」

　と気軽に承知された。先生の立派なお邸と見比べて、私はあまりに見すぼらしい自分の住んでいる借家を頭に浮べて、

「でも、とても小さな家で、玄関を入って少し大股で歩くと、すぐ裏まで突き貫けてしまうような家なんです」

というと、先生は即座に、

「じゃ、短篇小説だね」

とおっしゃった。そのときの即興ぶりがいかにも鮮やかで、今でも私の頭の中にはっきりと刻み込まれている。

檀一雄さんにつきそわれて、佐藤春夫夫妻が、九品仏の私のあばら家へはじめておいでになったのは、一九五四年九月二十三日の夕刻のことである。時日までここに書き出すことができるのは、さきにも述べたように、そのときのメニューがいまも、私の家に残っているからである。

もう三十年近くもたってしまったから、さすがに色褪せてしまっているが、そのときのメニューは、例の満寿屋の原稿用紙に書かれており、檀一雄、佐藤春夫夫妻のほか、女流作家の加賀淳子さんとそのご主人の吉村さん、それから私の本を出すことになっていた現代社の責任者である鶴野峯正さんが同席している。

先生たちはハイヤーをやとって、関口台町から九品仏まで来られた。先にも後にも、このあばら家にハイヤーで乗りつけたのは、このときの先生たちだけであったから、近所でも評判になったが、それよりも借家住まいの私のところにはお客用の座蒲団がなかった。姉の家から借りてきたせんべいのような薄っぺらい木綿の座蒲団が五枚しかなかったので、どっちにしても足りない。幸い、庭づたいの母屋に住む大家さんの奥さんは親切な人だったので、「座蒲団貸していただけませんか」ときいたら、心よく貸してくれた。

もう一つ、この家にはまともな台所がなかった。母屋との間をつなぐ廊下を塞いで、臨時の台所がつくってあり、一段さがった土間の床におりて、二つのガスコンロと一つの七輪と向いあって料理をするといったにわかづくりの台所である。しかも、そのとき、女房は妊娠八ヵ月目で、大きなおなかを抱えていた。いま考えてみると女房にもずいぶん苦労をかけたものであるが、これがのちに池島信平氏の命名した〝邱飯店〟の店びらきの初日であった。

健啖こそ長寿の秘訣

佐藤春夫先生ご夫妻と檀一雄さんをはじめてご招待した当夜のメニューは、次の通りである。

一、冷　　盆　　おるどおぶる
二、炸子鶏　　とりのからあげ
三、冬瓜盅　　とうがんむし
四、野鶏巻　　ぶたにくあげもの
五、炸蝦仁　　えびいため
六、叉　　焼　　にくのまるやき
七、合桃炒珍肝　　くるみととりのもつ
八、白菜湯　　はくさいのすうぷ
九、姜葱牛肉　　ぎゅうにくいため

十、蒸　魚　　むしざかな
十一、湯　麺　　しるそば
十二、炒　飯　　ちゃあはん
十三、腐竹白果湯　　ぎんなんのすうぷ
十四、生　果　　くだもの

うちの女房に、千葉県の田舎から出てきたお手伝いさんがついて、料理をつくり、食べる側は、私も入れてたったの七人、それでつぎからつぎへと出てくる料理を十四皿もペロリと平らげてしまったのである。

私も大食いの方だが、佐藤春夫先生の健啖ぶりにはまったく舌をまいた。大食いといえば、健康で、長生きの人は、たいてい、大食いの人が多い。たとえば、蔣介石の片腕となって働いた張群氏は一八八九年生まれだから、今年で九十四歳になるが、現在も台湾で総統府資政として、元気でいろんな会合に顔を出している。数年前、私は台北市の日本料理屋で、張将軍を招待したことがあるが、昼食時にもかかわらず、出てくる皿、出てくる皿、片っぱしから平らげていったのにはびっくり仰天した。

また台湾の財界で有名な陳逢源さんとか、元台北市長の呉三連さんといった台湾の名士たちは、八十歳過ぎても、毎晩、宴会に顔を出し、はじめからおしまいまで、人の倍くらい食べてケロリとしている。東京の私の家にお見えになる人のうちでも、谷川徹三先生、脇村義太郎先生、それに、マンズワイン社長の茂木七左衛門さんの健啖ぶりは、私にそれらの方々の年を忘れさせたくらいである。面白いことに、年を忘れさせるのは、胃袋の大きさだけでなくて、頭の働きについてもそうである。どうやら胃袋の働きの活発な人は、頭の細胞の働きも若いときとはあまり変らないようである。

だから、私は「腹八分」という健康法に対しては、疑問を抱いている。身動きができないほど食べるのもどうかと思うが、健康のために、食べるのを控えるのははたして正しいのだろうか。むしろ、食欲が減退しないように、体調をととのえたり、食事に工夫を加える方がよいのではなかろうか。

中国語に「医食同源」というコトバがある。薬も食べ物も、同じく口から入るから、両者は同じ作用をするもので、ふだんの食べ物に気をつけることが健康のもとであるという考え方である。そういう考え方に立てば、病気になったり、老人になったら「食べるのを控える」のではなくて、積極的に「何を食べれば元気になるのか」考えるのでなければならない。もともと中華料理では、どこまでが食べ物で、どこからがクスリなのか、はっきりした区別はない。「燉品」とか「補食」というのは、冬の寒いときに身体が冷えるのを防ぐために食べる蒸し物の料理のことで、日本語でいえば、ホルモン料理であろうか。「燉」とは、二重鍋で蒸すという意味で、茶碗蒸しのように、外側の鍋はタダの水が入っていて、内側の鍋の中は、鶏とか家鴨《あひる》とか羊肉の中に、当帰、枸杞《くこ》、朝鮮人参のような漢方薬が加えられている。なかには、牛鞭（牛の陰茎）、羊卵（羊の睾丸）のような、そのものズバリの臓物と補血作用をする漢方薬を処方している場合もある。それらを二重鍋で蒸すのは、高温で調理すると、栄養素が破壊される心配があるからであり、そのものズバリを使うのは、動物の機能も人間の機能も本質的には同じものだと考えているからである。「補食」の「補」とは、人間の機能の不足する分を、食べ物で補うという意味である。この考え方自体には、重大な誤りがあるとは思えないが、いまの医学の知識でいうと、性欲をつかさどるのは、牛鞭、馬鞭の「鞭」そのものではなくて、内分泌の作用であるから、たとえ象の「鞭」を借りても、どうにもならないのではあるまいか。

　しかし、中国人は食べ物の一つ一つに、それぞれ漢方の原理に従って、「熱」と「冷」の分類をしている。「熱」とは体温をあげるもの、血圧を高くするもの、頭をのぼせさせるもの、「冷」とはその逆の作用をするものである。たとえば、茘枝《ライチ》とか龍眼は、たとえ果物であっても、「熱」気のある食べ物だから、風邪をひいて熱のあるときは食べていけないとか、また緑茶は「冷」気のある食べ物だから、胃の調子の悪い人が飲むとたちまち吐気を催す、といった法則がある。また茄子は「冷」の部類に属するから、低血圧の人は避けた方がいいが、高血圧に悩む老人向きの食べ物であるといったたぐいの伝説があって、案外、広く、長く、人々によって支持されているのである。

この分類がどこまで正しいか、実のところ私にもわからない。民間伝承のなかには、荒唐無稽なものも少なくなく、朝起きぬけにバナナを食べてはいけないとか、妊娠中にパイナップルを食べると、頭におできのできる子供が生まれるとか、あまりあてにならないものもある。お産のあとは、補血をする必要があるから、「冷」気のある食物は絶対食べてはいけないというのが中国人の信念みたいになっているが、英国人など、そんなこと全然おかまいなしである。うちの長女は香港の瑪麗医院（セントマリー・ホスピタル）という映画「慕情」に出てくる病院で生まれたが、出産直後、私が病院に行ったら、女房のベッドに運んできた食膳の上にアイスクリームがのっていた。中国人のお年寄りが見たら、「あッ」と驚いて捨ててしまうところだが、女房は英国人の看護婦にすすめられるままにそれを口に運んでいた。それでも別に身体をこわしたり、つぎの出産にさしつかえるといったことはなかったから、少々くらい法則をはずれた物の食べ方をしても、人間の身体はちゃんとそれに耐えていける構造になっているのであろう。

しかし、年をとったら、減食をした方がよい、という考え方にはあまり賛成できない。減食しなくとも、食は自然に細くなっていく。したがって、早廻りして減食するよりは、身体の調子に合った食事を工夫するにこしたことはないのである。

いま、ふりかえって考えてみると、佐藤春夫先生のご夫妻をご馳走したときのメニューは、ほとんどそうした年齢を考慮に入れていない。私たち自身がまだ三十歳になったばかりで、年をとるということがどういうことか、気にもしていなかったからである。料理の中身もごくありふれたもので、ちょっと珍しいものといえば、野鶏巻に腐竹白果湯くらいなものであろうか。

野鶏巻は、正式には、大良野鶏巻といって、広東人の食べ物である。野鶏というと、家鶏ではなくて野育ちの鶏ということになり、転じて上海でヤーチーといえば、ストリート・ガールのことになる。しかし、ここではその意味がまったくないばかりでなく、鶏の料理ですらない。

まず材料は、豚のもも肉の薄切りと、豚の肩の脂身の薄切り、それにロースハム。ももの赤身を醤油、ごま油、酒、砂糖、胡椒をまぜあわせたなかに、約半時間漬けておく。つぎに、卵の黄身と小麦粉をまぜあわせたものを糊にして、一番外側を脂身でこの三つを巻いて楊枝でとめておく。それを蒸籠《せいろ》の中で二十分くらい蒸すと、うまくかたまるので、それをしばらく冷蔵庫に入れておく。そのあと二センチくらいに輪切りにして片栗粉をまぶし、油できつね色になるまで揚げて、熱いうちに食べる。脂身はしつこくていやと思うかもしれないが、いっぺん蒸しているので、油がおちて案外、あっさりした味になっているのである。

もう一つの腐竹白果湯は、最後に出るデザートで、腐竹とは湯葉、白果とは銀杏のことであるから、銀杏と湯葉の入った甘いスープのことである。中国には何十種類という湯葉があるが、あの当時は東京で手に入りにくかったので、京湯葉を二袋買ってきた。銀杏は生の銀杏の方が香りもあるし、おいしいが、なければ、罐詰の銀杏でもかまわない。

まず水の中に銀杏を入れて二十分くらい煮てから、砂糖を入れてもう十分くらい煮る。それに湯葉を入れて、十分くらい煮たら、火をとめる。その中に卵をといてパッと入れたら、素早くかきまぜる。それで、もうできあがりで、卵を入れてから火を使わないようにしないと、卵が煮えすぎてまずくなってしまう。たったこれだけのことだけれども、火の加減とか、蒸すプロセスが入っているということが、料理をおいしくするかどうかの分かれ目になる。

古いメニューを見ていると、女房の手伝いをしたり、買い出しに行ったときのことが思い出されるのである。

金を想うがごとく友を想う

安岡章太郎氏がはじめて私の家に見えたのは、我が家の記録によると、昭和二十九年十二月二十九日になっている。

その日、お見えになった人は、檀一雄さん、坪井與さん、当時、ラジオビデオ・ホールという日本ではじめてのラジオ公開ホールをつくった小谷正一さん、小谷さんの子分で、「キー」という団地新聞の社長になった筒井健司郎さん、文芸評論家の浅見淵《ふかし》さん、『文藝春秋』記者の薄井恭一さん、私の小説の活字化に最初に力をかしてくれた小説家の西川満さん、それに安岡章太郎さんというメンバーになっている。

この顔ぶれから見ると、私の『濁水渓』という第一冊目の単行本が出た直後のことで、檀さんが自分の友人たちを私に紹介するのもかねて、私の家へ友人をつれて、大挙して押しよせたのではないかと思う。薄井恭一さんは、私の東大時代の同級生で、バレーダンサーになった変りダネ、薄井憲二の長兄で、弟から紹介されて知りあいになり、たまたま食味雑誌『あまカラ』の編集にかかわりあっていたので、私に「食は広州に在り」の執筆をすすめて、私がこの方面の本を書くきっかけをつくってくれた人である。薄井さんと西川さんは、檀さんやその友人たちとはお互いに面識がなかったが、私の家ではじめて顔をあわせたのである。

私の処女出版の本ができてきたとき、私は檀さんの忠告に従って、檀さんの教えてくれた小説家や批評家あてに、いちいち署名をして送付した。そのとき、檀さんは、

「この本を見て真っ先に賞めてくれるのは、きっと林房雄だろうね」といった。私にはその意味がわかりかねたが、本を送って何日かたったある日、郵便受けを覗くと、毛筆で書いたハガキが入っており、それに、林房雄と署名がしてあった。裏をひっくりかえしてみると、

「本を有難う。いまの小説家より一歩だけ先を行くよい作品です」

という意味の賞め言葉が記されていた。林房雄さんは、戦前、「獄中記」を書いてマルクス主義から転向したというので、左翼の人たちから変な目で見られてきた人であるが、当時は、『小説新潮』や『オール読物』に盛んにいわゆる中間小説を書き、舞台にも上演されて、なかなか人気のある流行作家であった。と同時に、東京新聞の文化欄で、匿名で文芸批評をやっており、歯切れがよくて、木端微塵なやっつけ方を

するので、一部の人たちからは怖れられていた。その人が賞めてくれたのだから、私は意を強くしたが、その半面、新人の作品をこんなに早く、こんなに丹念に読んでくれるなんて、この人はなんという勉強家だろうと、本当に感心した。五、六年のちに、私は鎌倉にある林さんの家を訪問したことがあるが、頭の廻転の早い分を言葉に出すのがもどかしいような、せっかちな人で、三島由紀夫さんの才能をいち早く認めたのも同氏であり、また「潮騒」以後の三島氏の小説に批判的になり、その行き詰まりを予言したのも同氏であった。

安岡章太郎氏は、檀さんと同じく佐藤春夫先生を師と仰いでいたので、おとうと弟子のような間柄であったが、当時、田園調布の私の家の近くに住んでいた。申し遅れたが、九品仏の家賃一万六千円の貸家に約六ヵ月住んだ私は、東京在住も長びきそうだし、いつまでも家賃を払っているのもバカらしいと思ったので、多摩川べりの三菱病院の隣りに、敷地約三十坪、リビングキッチンに六帖間が二つだけの小さな一戸建ちの家を九十五万円で買って、移り住んだばかりであった。檀さんにいわれて『濁水渓』を送ったら、すぐハガキがきて、「近くに住んでいるから、そばを通りかかったときは声をかけて下さい」と書いてあったので、私の方が食事にさそったような気がする。

当夜のメニューを見ると、料理は前回と半分くらい変っていて、菜花羹（カリフラワーのスープ）、燉元蹄（揚げ豚肉の丸蒸し）、麻油牛肉（牛肉の胡麻油炒め）、云茸炒鶏汁（鶏もつのきくらげ炒め）、豉汁排骨（豚あばら肉の浜納豆蒸し）、当帰鴨湯（家鴨の当帰入りスープ）、蓮子百合湯（蓮子の実の甘いスープ）などが新しく顔を出している。

十一月十日に、うちの長男の世悦が自由ヶ丘の桜井病院というところで誕生し、その直後に新しい家に引越しをしたから、女房は産後まだ五十日たったばかりであり、彼女自身も、胡麻油や当帰のような、産後食に親しんでいたので、私がメニューをつくるとき、つい「補食」料理が中心になったのかもしれない。しかし、年の暮れといえば、東京は既に寒い風の吹く季節であり、身体の温まる料理は皆にたいへん喜ばれた。

以来、安岡さんは我が家のお客の常連の一人となり、私は彼の書いた『良友・悪友』のなかに「金を想うごとく友を想う　邱永漢」として登場することに相成ってしまった。小説家は、筆の勢いに任せて誇張した書き方をするから、そのまま鵜呑みにすると、いっぱいくらわされてしまうが、彼の文章の一部を引用すると次のようなことになる。

　邱永漢が我が家へあらわれるようになったのは、昭和三十年の二月か三月、「濁水渓」という戦中、戦後の台湾人の苦悩を訴えた小説を送ってくれてからで、私はその小説に台湾人というより自分と同世代の人間に共通の或る性格を感じ、家も近くだからヒマなときに傍を通りかかったら声を掛けてくれと、礼にかえてハガキを出した。すると、それから何日もたたないうちに、派手な薄茶の格子縞か何かの外套をきた男が、

「わたし、邱ですが」

と、通りに面した窓の向うに、馬鹿にツヤツヤと血色のいい顔を覗かした。私は、しばし戸惑った……。「濁水渓」は戦時中、日本軍部に弾圧され、憲兵に追いまわされながら生きてきた台湾の青年が、戦後になると大陸から渡ってきた蔣政権の役人に反国民政府的革命分子であると戦争中にまさる圧迫をうけ、ついに国籍を放棄してユダヤ人のごとく国外を放浪せざるを得なくなるというものだが、私はその主人公の青年から、背が高く、頰がこけて、黒い頭髪のモシャモシャした、何となく堀田善衛氏に似た風貌の人物を想像していた。しかるに眼のまえに立っているのは、いかにも栄養のよさそうな、広い額のピカピカした、ソロバンのうまそうな青年だった。

なるほど亡命生活者というのは、こういうふうに頑健な身体と、ヌケメない頭脳のはたらきを持たなくては、やって行けないものかと、私は「亡命」という言葉のヒロ

イズムにまどわされていた自分を反省した。

　とにかく部屋へ上ってもらい、それからどんな話をしたか、もう覚えていない。たぶん文学や小説の話をしたんだろうが、記憶に何も残っていない。おぼえているのは紅茶を出すと、この亡命青年が、

「紅茶はリプトンがいいとはかぎらない。日本の紅茶は自然の風味とコクがあって、なかなかいい」

　といったことから、やがて日本の産業全般が、いかに将来有望かという話を、ながながとやりはじめたことだ。（中略）

　私も、清貧に甘んじるのでなければ善い文学は生れないとは必ずしも考えてはいないが、文学と貧乏は必然的なつきものだと思っていた。そのことを言うと、邱は、

「いや、貧乏なら、わたしも誰にも負けないぐらいいろいろの貧乏生活を知っているけれど、わたし自身はいくら貧乏しても、すぐにそこからヌケ出して金持になってしまうのでね」

　と、暗にその生活体験のゆたかさを示すように言った。たしかに彼の眼からは、私の考えている貧乏ぐらしなど、はなはだ甘っちょろいものに違いない。私は、そういう彼から真の貧乏とはいかなるものか、その実体を聞かせてもらいたいと思った。し

かるに彼は、貧乏よりも、金持がいかにして大金持になったかという話ばかりを、とめどもなく繰り出すのである。そして、あまり浮かぬ顔をしている私をハゲますように、

「それは誰だって、はじめのうちは貧乏よ。……いま話した大金持のXさんだって、つい三、四年まえまでは、とっても貧乏でね、家の中には、なーんにもなくて、まア言ってみれば、こんなもんだったのよ」

と、眼をクルリと動かして部屋の様子をながめまわし、指先でテーブルをコツンとはじきながら言った。

私は驚いて、笑い出した。当時、私は女房と二人で多摩川べりの家に、板敷の洋間と三畳のタタミの部屋とがつながった奇妙な一室を借りて住んでいたが、（中略）これでも一年前までの大森の下宿の四畳半の部屋にくらしていた頃に較べると、飛躍的な大進歩をとげており、夢にも「とっても貧乏」などと言われるとは思ってはいなかったのである。

安岡さんは、小説家的な誇張で、私が安岡さんの貧乏生活を慰めたように書いているが、本当のところ、私も似たりよったりの耐乏生活であった。強いていえば、私の

場合は、国際的なスケールのそれだった、ということであろうか。

いくら私が物をズケズケいう人であっても、まさか初めてうかがった安岡章太郎氏の家で、

「ずいぶん貧乏生活をしていますねえ」

と面と向っていうわけはない。したがってそれは、私が普通の日本人の小説家と違った金銭感覚の持主であることを描写するための布石みたいなもので、私としては笑って聞きながすよりほかないのである。この際、安岡氏の描写に従って、もう少し先をつづけることにしよう。

もっとも、そのころは邱永漢も、あんまり大きな家に住んでいなかった。ダイニング・キッチンの他に二部屋ほどの小住宅だった。彼はそこに奥さんと子供二人、お手伝いさんなどもいて、じつにゴチャゴチャと大勢で住んでいたのであるが、どういう

わけかあまり狭苦しいという感じはしなかった。のみならず彼は、そこに十人ほども客を呼んで、しばしばご馳走をした。

「日本人は食いしんん坊だから、メシで釣って文壇に乗り出す」

というのが、そのころの彼の持論であったが、もし本気でそう考えていたのなら、これは彼の計算ちがいである。いくら日本の文壇の諸先生が食いしんん坊のお人好しばかりだとしても、ご馳走のお礼に邱を直木賞作家に売り出したり、原稿をドシドシ書かせたりするわけがない。彼が文壇で活躍したのは御馳走の才よりも文筆の才によることは明白である。おもうに彼は異境にあって、日本人の社会で暮らすことに、有形無形の負担を感じており、御馳走政策はそうした心の負担やらサビシサやらをまぎらわす手段の一つであったにちがいない。

もっとも日本人が好奇心旺盛な食いしんん坊であることは、彼の言うとおりであって、何度か招かれた邱家の会食で、私は佐藤春夫先生御夫妻や檀一雄氏、井上靖氏など、まえから存じ上げている方々とも同席したが、はじめての人にもたくさん紹介された。なかには一とクセも二たクセもあって人付き合いの決して好くはなさそうな人たちもいて、こういう人たちを邱は一体どうやって知り合い、どうやって自分の家に招びよせたのかと異様な気がしたくらいであった。しかし、どんなに知らない同士とでも一つの食卓をかこんでメシを食ううちに、やがてイヤオウなしに親近感を生じてくるのは、われわれの胃の腑の一種機械的な反射作用であろう。このメカニズムを邱が充分に心得て操作しているのであれば、彼の御馳走作戦はやはり成功であったといえるだろう。

さて、私がメシで釣って文壇に乗り出す作戦であった、と安岡さんの『良友・悪友』に書かれているのを読んで、私は思わず吹き出してしまった。選挙にも「饗応の禁止」というのがあって、選挙運動の期間中、有権者をご馳走してはいけないことになっている。それは人間はご馳走に弱いということを示すものであるが、芥川賞、直木賞の選考委員をご馳走攻めにしていけないという規定がないところをみると、芥川賞、直木賞の委員たちは、酒食に心を動かされない鉄の意志をもっている人たちであるか、たとえ酒食で買収して文壇に乗り出すことができたとしても、実力がなければ、あとがつづかないということであろう。

ただ残念なことに、私の作品は、いったい、芥川賞の対象になるのか、直木賞の対象になるのか、皆目わからず、候補作品発表の段階になってやっと直木賞だということがわかった。だから饗応で買収したいと思っても、佐藤春夫先生も井上靖さんも、芥川賞の選考委員である。まさかお隣りの直木賞の座敷に出張してもらって、私のために一席弁じていただくわけにもいかない。多分、そのためであろう、せっかく、候補にのぼったのに、その期は、梅崎春生氏の「ボロ家の春秋」と戸川幸夫氏の「高安犬物語」が入賞し、私は物の見事に落選してしまった。私は小学校から大学までいっぺんも落第した経験がなく、自分の思う通りにならなかったのはこのときがはじめてだったので、かなり打撃を受けた。しかし、苦節十年二十年という文学青年の多いこの世界で、小説を書きはじめてすぐに直木賞の候補に擬せられたのだから、これだけでも幸運と思うべきであろう。私は落選にもめげず、その翌日から、すぐにも創作に取りかかり、つぎつぎと小説を書いた。多少、ジャーナリズムのこともわかりかけ、雑誌の編集者たちとも面識があるようになったので、私は自分で原稿を『文学界』『新潮』『群像』などに持ち込んだ。しかし、これらの雑誌の新人に対する扉は依然として堅く、わずかに『文学界』の編集長であった尾関栄さんだけが私に理解を示してくれ、同誌に「検察官」という百枚の小説を掲載してくれた。私はこの小説が次期の候補作になることをひそかに期待したが、残念ながら候補作の中にすら入れてもらえなかった。すっかり落胆した私は、もう小説書きはやめようかとさえ思ったが、その期の直木賞は「該当作ナシ」になり、選後評のなかで、木々高太郎氏が「どうして邸永漢が出て来ないのか」と書いてあるのを見て、私は「期待してくれる人もいるんだな」とにわかに勇気づけられ、気をとりなおして、「香港」という、自分の香港滞在中の見聞をもとにした二百四十枚の長篇小説を一気に書きあげた。この小説が第三十四回の直木賞に当選し、私は東京へ来てから二年足らずで、どうやらプロの小説家の仲間に入れてもらえるようになった。

　私の作品に賛成投票をしてくれたのは、大佛次郎、井伏鱒二、木々高太郎、村上元三、永井龍男の諸氏であり、反対投票をしたのは、吉川英治、小島政二郎、川口松太郎の諸氏であった。吉川英治先生はのちに私に「自分がカン違いをした」という意味の手紙をくれた。四、五年たって私が『中央公論』に「西遊記」を五年四ヵ月にわたって連載をはじめたとき、「愛読しているよ」といってくれたのが吉川英治先生と中山伊知郎先生であった。両先生には単行本になったおり、いずれもオビの文章を書いていただいた。しかし、私にとって何より思いがけなかったのは、大佛次郎先生が直木賞選考委員として、極力、私の作品を推薦してくださったことであった。私は高校時代から『鞍馬天狗』や『赤穂浪士』の愛読者であり、戦後は『帰郷』という作品を読んだことがあるが、先生とは一面識もなかったし、まさか私の作品をあんなに強く推してくれるとは思ってもいなかった。のちに、ときどき文壇の会合で先生とは挨拶

をかわすようになり、池島信平さんが私たちの会話の中に割り込んで、

「邱飯店の料理はうまいですよ。一緒に行きましょう」

と大佛先生を誘ってくれたが、どういうわけか、とうとう大佛先生のご夫妻をお招びする機会がないままに、先生は他界してしまった。その点でも、私のご馳走政策は充分、威力を発揮したとはいいがたい。

　さて、話をもとへ戻して、私の家の料理のことになるが、安岡さんの口をかりると、

　その御馳走の内容だが、少ないときで十二、三種類、たいていは二十種類ぐらい出る。それも一回ごとに、ほとんど別のメニューがつくられるのだから、ノベにしてその料理のレパートリーはどれぐらいになるのか、少なくとも百種類以上であることは、たしかだろう。しかも、その料理を邱の細君が全部一人で、テンピもない台所のすみのガス台でつくるのである。一度、同行した愚妻がその台所を覗かせてもらい、料理道具が御飯蒸し一つに、シナ鍋一つであったと驚いていたが、たったそれだけの道具で、あれだけの品数がつくれるのは、まるで魔法としか思えない。

　しかし二十種類もの料理となると、じつは平らげる方も一と仕事だ。御馳走のあるときは何日もまえに予告があるのに、前日になると邱がわざわざやって来たり、電話

を掛けて来たりして、

「あしたは、うちのメシだからね。そのつもりでね」

と念を押すのであるが、これを恩着せがましいこととカン違いしてはならない。朝から食をひかえて、なるべく腹をへらしておくようにという警告なのである。おかげで私は、その日は病院で内臓の手術を受ける患者のような気分になる。夜になるのを待ちかねて出掛けて行くと、まず当日のメニューが示されるが、漢字がたくさん並んでいるだけだから何のことやらわからない。メニューの下に参会者の氏名を書きこむのは、次回に同じ料理を出さぬための心づかいであるが、演出としてもなかなか手がこんでいる。

実は最初から色紙にメニューを書き込んで、その下にサインをしてもらったわけではないが、何回も来る人に同じ料理を出していたのでは芸がなさすぎるし、かといって全部ガラリと変えてしまったのでは、せっかく、前に食べた料理を楽しみにして来てくれた人に悪いと思ったので、いつの間にか記録を残してもらうようになったのである。私の体験からすると、前回来たときのメニューを半分くらい変えると、楽しみは倍加するように思う。

〝第三の新人〟と友達に

私の家のオハコ料理の一つで、安岡章太郎氏ご推奨というのがある。我が家では「紅焼芋頭扣肉」と名づけて呼んでいるが、八ツ頭を七、八ミリくらいの厚さに切って、皮つきの豚肉とサンドウィッチにして、蒸したものである。作り方はさしてむずかしくないが、できあがるまでに時間がかかりすぎるので、料理屋でお目にかかることはまずない。したがって、家へ来てはじめて食べたという人が多いが、安岡さんの筆にかかると、それは次のようなことになる。

さて、いよいよ食事がはじまると、眼のまえの皿はいかにも小さく、それにちょっぴりずつ盛られる料理は、腹ペコの胃袋にはまるで小鳥のスリ餌みたいにタヨリない。三品目か四品目までは、その状態がつづく。やがてスープが出る。これがなかなかウマイので、たいていの人が二杯か三杯お代りをする。ところで、ここまではその日の前菜で、本格的な御馳走はこのあとからはじまる。十品目あたりで、そろそろ腹はいっぱいになり、もうあと幾つ食えばおしまいになるかと、料理の名をきいてメニューを終りの方から数え出す。十二品目あたりで、もう何が出ても食えないという気になるが、ここらへんで邱家とっておきの街の料理屋では絶対に食えないもの、たとえば薄く切った大和芋にブタのアブラ身をはさんで、特殊の香料と何種類かのソースをとりかえながら何十時間も煮こんだというような手数のかかる料理が出る。ブタは完全に溶けて、クリーム・チーズ状になった芋に滲みこみ、口にふくむと軽い歯ごたえがあって、香りがいっぱいに広がり、舌全体を包むように柔らかく溶けて行くときのウマさは、何ともたとえようがない。このへんで、またスープ。これは口の中を淡白にさせて、次にカキ油のソースで煮こんだ牛のヒレか何かを食わせるコンタンである。それからあとは、もはや苛酷なる胃と腸と食道とのワンダーフォーゲルになる。エビを粉にして固めたソバやら、何とかの香料と何とかのアブラでいためた焼飯やら、骨まで柔らかく煮た魚やら、シナ風のお汁粉やらが、次々に押しよせ、「胸突き八丁」という言葉の語源はこのような状態をいうのではないかと思われるほど、腹から胸から、体の中じゅうが食い物で充満し、ついに全身の皮膚がゴム風船と化してハリ裂けそうになる一歩手前に、ようやく全コースを終るのである。

こういう表現に出会うと、食の細い人は、私の家でSM大会でもやっているように早合点するかもしれない。胃袋の許容量をオーバーして物を詰め込まれるくらい苦しいことはないからである。しかし、胃袋の巨大な、食べることに目のない人なら、唾液の分泌がとたんに旺盛になるに違いない。食べるということは、ただおいしいものが食卓いっぱいに並べられていることではなくて、何を食べたあとは、つぎに何を食べるか、という物の順序がきわめて重要だからである。

しかし、その前に、安岡さんのいう「紅焼芋頭扣肉」のつくり方を簡単に説明しておこう。この料理に必要な材料は、豚のバラ肉六百グラムと八ツ頭二つ、あとはすべて調味料と手間だけである。

まずバラ肉を丸のまま、醬油と砂糖大さじ二杯分混ぜあわせたもので、まぶして、約一時間おいておく。天ぷら油を強火で熱し、その中に肉を丸ごと入れて、キツネ色になるまで揚げる。お茶（日本茶でよい）を淹れて、その中で、揚がった肉を洗い、油臭さをおとす。肉は、幅一センチ、長さ、六、七センチほどに切る。八ツ頭の方も、皮をむいて、ほぼ同じ大きさに切り、やや深みのある皿の中に、一枚ずつ交互に並べていく。

一方、醤油、酒、砂糖、化学調味料、それに紅腐乳、ニンニク、細かく刻んだ陳皮を混ぜあわせて、上にかけ、さらに残ったソースに水をちょっと加えて、全部上からかけてしまう。この深皿をせいろの中にいれて、約二時間ゆっくり蒸せばできあがる。紅腐乳というのは、デパートや南京街の中華材料店に行くと、腐乳といって売っている豆腐のチーズのことであり、白と紅と二種類あるが、この場合は、紅腐乳を使う。近所に中華材料店がなかったり、代用品で間に合わせたいと思った場合は、八丁味噌か名古屋味噌を使えばよいし、また陳皮とはミカンの皮を干したものだから、ミカンか柚子の皮で代用すればよい。

料理としては以上のようにすこぶる簡単だが、美味しく仕上げる要領は、長い時間をかけてゆっくり蒸し、八ツ頭に豚の旨味がしっかり浸み込み、肉と芋を一枚ずつ重ね合わせて挟みあげたときに、口の中でトロリと溶けるくらいまで手間ヒマをかけることであろう。（詳しくは『邱家の中国家庭料理』中央公論社をご参考にしていただきたい）

安岡章太郎夫妻は、阿川弘之夫妻と共に、我が家の最も古くからの常連客になってしまったが、古いメニューをひらくと、昭和三十年の一月二十八日に、吉行淳之介、有馬頼義、三浦朱門、五味康祐が檀一雄さんに誘われて私の家に見えている。五味康祐は二十七年下半期に「喪神」で芥川賞、吉行淳之介は二十九年上半期に「驟雨」で芥川賞、有馬頼義は、同じく昭和二十九年上半期に「終身未決囚」で直木賞をもらっているから、当時としては新進気鋭の若手作家ばかりであり、文壇づきあいのまったくなかった私に、ほぼ同年輩の作家たちを紹介してやろうという檀さんの好意からではなかったかと思う。

　当時は、いわゆる〝第三の新人〟がつづけて芥川賞を受賞して文壇を賑わした時代であり、安岡章太郎、吉行淳之介、小島信夫、庄野潤三といった面々が文芸欄の話題をさらった時代であった。私も、小説家を志す以上、何が文壇のトピックスになるのか、関心はもっていたから、これらの人々の作品には一応、目をとおした。しかし、作品の守備範囲が私生活の範囲を出でず、基本的に日本的な花鳥風月の世界にとどまっていたから、お手本にしたいほどの魅力は感じなかった。物を見るアングルという点では、安岡さんの才能を評価したが、しかし、それは小説家の目というよりは、エッセイストの目であると思った。だから、その後、安岡さんと親しくなるにつれて、「あなたの才能はエッセイを書く人の才能だ」と遠慮のない意見を述べたりしたが、同じような感想を、私は梅崎春生氏に対しても抱いている。文学の世界には、エッセイというジャンルがあるにもかかわらず、日本ではエッセイのことを「雑文」と呼ぶし、また「雑文」に支払われる稿料は、原則として「小説」に支払われるものより少ないために、エッセイストとしてすぐれた才能をもった人々が、さほど得手でもない小説を書いている。そういうすぐれたエッセイストの才気を、私は梅崎春生氏と安岡章太郎氏に感じたのである。吉行淳之介氏の文壇登場は、なにしろダテ男の女色修行といったイデタチであったから、なんとなく微笑ましくもあり、さらにそれに輪をかけたようなおかしさをともなった。実際に会う吉行さんは、都会派の、育ちのよい、気のやさしい坊ちゃんだが、その一見スマートな風貌と掲げた看板のせいで、女出入りのウワサが絶えず、当時の奥さんとの間にトラブルが重なり、「色男はつらいよ」と思わせるようなところがあった。結局のところ、宮城まり子さんというベラミができて落着き、先年私の家に食事に来たときも、「ジュンちゃん、ジュンちゃん」とまりちゃんが呼ぶから、どこにジュンちゃんがいるのかと思ったら、吉行の淳ちゃんであることがわかって、思わず笑いがこみあげてきた。吉行さんと私は同じ大正十三年の生まれだから、可愛いジュンちゃんだって、今年はもう五十八歳なのである。

五味康祐、そして有馬頼義

年齢的にはほぼ同じでも、五味康祐と有馬頼義は、いわゆる〝第三の新人〟とは少しばかり毛色が違う。「同時代に育てば、同時代人としての共感がある」というが、これだけ距たりがあると、個性や環境の差の方がずっと大きいような気もしないではない。

私の家に遊びに来た頃の五味さんは「喪神」で芥川賞をとり、つづけて「柳生連也斎」などで剣客物の流行作家にのしあがっていく前後であったが、いつも久留米絣に兵児帯、髪毛は伸び放題で、ヒゲも剃るのが面倒といった後々の風貌を既にそなえていた。なんでも、戦争中、兵隊にとられて、クリークの中で大地に耳をあてて徹夜しているうちに、耳が突然、きこえなくなってしまったそうで、よほど大きな声で話しかけないと、「へーえ？」と何度でもききかえす。「この人、本当に耳が悪いらしい」と安心して、小さな声で話をすると、悪口か、内緒話のときに限って、ちゃんときこえてしまうのである。だから〝勝手つんぼ〟もいいところで、本当に耳がきこえないなら、ステレオにこり、原稿料で稼いだ金を、家そのものより、ステレオ設備にゴッソリ注ぎ込むようなことはやらなかった筈である。

五味さんは大阪の映画館の息子で、子供のときは金に不自由しない育ち方をしたと自分で書いているが、作家として一人立ちする前は新潮社で、校正係をアルバイトにしていた一時期があった。小説を書きはじめたとき、真っ先にその才能を認めたのが檀一雄さんで、檀さんが推奨した途端に、芥川賞になったので、檀さんは友人たちにいつも自慢をして、「右に五味康祐、左に邱永漢、ここまではうまくいったが、第三の男を次に見つけなくっちゃ」と吹聴していたそうである。

そのおかげで、私は五味さんとも知り合いになり、五味さんの石神井の家に訪ねて行ったこともあった。のちに、五味さんは、大阪の昆布屋の旦那で占いに一生を賭けた人に手ほどきをしてもらい、晩年はもっぱら意地で「占い師」的なポーズをとり、また実際にテレビに出て、盛んに桃色がかった占いをやったが、若いときから既にそのキザシが見えていた。五体に欠陥があって、それを克服して生きる行者のようなポーズをとっているので、つい話をしていることにきき耳を立ててしまうが、よくきいていると、どこまでが真実で、どこからが創作なのか、さだかでないところがある。

たとえば、五味さんに、彼女ができて、家庭争議になった頃、彼は私に、「うちの女房は子宮の病気で、子宮をとってしまったから、もう子供のできる見込みはないんだよ」だから自分はほかの女に心を移しているんだよ、といわんばかりの顔をした。私は本気にして「へーえ、それはお気の毒に」と同情したことがあるが、しばらくすると、女の子が生まれたから、私は我が耳を疑った。

あとになって考えてみると、新宿の女に夢中になっていたときは、夢と現実のさだかでない世界に住んでいて、自分で自分にそういいきかせ、自分でそう信じ込んでいたのかもしれない。檀一雄さんが心配をして、佐藤春夫先生に「五味君を説教して下さい」と頼みに行ったことがあるが、この道にかけては、佐藤先生も檀さんも、つわものだから、どうやって説教するのだろうかとこちらが気をもんでしまう。そのうちに五味さんは大泉学園に新居を建てて移り住んだが、その新築祝いに佐藤春夫先生が招ばれて行った。

私は招ばれなかったし、その後のつきあいもすべて檀邸で一緒になるくらいでしかなかったが、新居祝いの席上で佐藤先生は、「妻は既往を問わず、夫は未来を保証せず」と訓辞を垂れた、とあとできいた。

なるほどこれなら、罪深い亭主も家へ戻ることができる。五味さんは、原稿の筆が遅く、しかも当番の記者たちを屁とも思わないような態度を貫いたから、いつも連載物の原稿が期日に間に合わず、締切日すぎてから凸版印刷や大日本印刷の校正室で最後の原稿の追い込みをすることが多かった。その遅れのために、『文藝春秋』の発行日が二日も遅れたことがあるが、古き良き時代を思わせるエピソードである。いまなら、編集者もサラリーマン化しているから、おそらく五味さんのようなダラシのない文士に執筆を依頼したりはしないのではないだろうか。

有馬頼義氏は、その点、猫騒動で有名な久留米の殿様の後裔であり、戦争中の大政翼賛会のメンバーで、農林大臣をつとめたことのある有馬頼寧氏の三男である。私の母親は久留米市の人だから、昔なら、向うが殿様で、こちらは平民、とてもお目どおりもかなわなかったのではないかと思うが、実際の有馬頼義氏は、そういう家に生まれたことに反抗し、普通なら、父親が久留米の藩主で、母親が北白川宮家のお姫様なら、貴族の家柄から嫁を迎えるところであるが、抵抗の実証として、選りに選って芸者さんを女房とした。この一点だけみても、有馬さんは小説家になる資格をそなえている。むろん、芸者さんを妻にしたから、小説家として大成する保証は何もないが、小説家の条件は「反体制、反社会、反常識」だから、自分の生まれそのものに反逆することからスタートした人生は、それ自身が小説であろう。現に、有馬さんを有名にした「四万人の目撃者」は、作家の書いた推理小説であり、ほぼ同時期に「或る『小倉日記』伝」で芥川賞をとった松本清張氏と並んで、小説家の本格推理小説のハシリとなった。

あの時期に書かれた推理小説は、松本さんのものにしろ、有馬さんのものにしろ、特に推理小説という名前をつける必要がまったくないほど作品として骨組みがしっかりしている。というのは、それまでの推理小説は、最近、角川書店などが盛んにあおっているものもふくめて、まったくお話にならないものが多く、梅崎春生氏のごときは、「自分は推理小説は一番最後のページを先に読んでから、最初の一ページに戻って読むことにしている。作者が本当の犯人は誰かということをどうやって読者の目からごまかそうかと苦心するのが面白いからだ」といっている。もともと探偵小説とか、推理小説とか呼ばれるジャンルの作品は、娯楽読物なんだと思えば、別に腹立たしいことはないが、推理小説に文学の裏打ちをしたという意味では、有馬さんと松本さんに功績があると私は思っている。

その有馬さんは、西荻窪にある広大な有馬邸の庭の一部に家を建てて住んでいた。戦後、財産税で身ぐるみ剝がれて残った郊外の最後のよりどころみたいなところに、お父さんの邸があり、別棟に頼義さんも住んでいたが、いくら反抗してもやはり有馬家の縄張りからそう遠くまで行けないところに、有馬さんの弱さがある。

有馬さんは、奥さんと一緒に私の家で食事をしたことが何回かあるが、当時は、私の家にコックもおらず、家内がお手伝いさんを助手にして台所に入ったっきり、私の方はお客にサービスをする必要上、テーブルについて一緒に食べている。二時間も三時間も、長夜の宴がつづいたあとで、帰るお客さんたちに挨拶するために女房が出てくると、有馬さんの奥さんが「ご馳走さまでした」という代わりに、「邸さんの奥さんにならなくて本当によかった」といった。

これは案外、本音であろう。しかし、その有馬さんも、創作上の行き詰まりに耐えかねて、自殺をはかったり、睡眠薬びたりの生活におちこんだりした。新しい恋人をつくったり、離婚したり、最後は一人で、仕事部屋で睡眠薬の飲みすぎで、掃除にきた小母さんに、死んでいるところを発見されるような、淋しい結末になってしまった。それもこれも、弱い、繊細な神経と、それを遥かに上廻る強い反逆精神のアンバランスから生じた悲劇のように、私には思われてならないのである。

『ミシュラン』『あまカラ』『東京いい店うまい店』

『東京いい店うまい店』という文藝春秋社から毎年、少しずつ改訂されているガイド・ブックがある。これはフランスの『ミシュラン』『クレペール・コロンブ』『ゴーミョー』を見習ってつくられたものであろう。もとより一九〇〇年に初版を出し、毎年、莫大な費用をかけてつくられた『ミシュラン』には及びもつかないが、それでもほかに適当な参考書が見当らないので、私などは必らず買って、手近な机の上においてある。いざどこに行こうかというときに、いつも同じところでは開拓者精神に欠けるところがあるので、ついこの『東京いい店うまい店』にたよってしまうのである。

にもかかわらず、この本が『ミシュラン』にかなわないといったのは、この本には常連執筆陣が五人ほどいるが、それぞれ味の好みが違っていること、また日本人には権威主義的なところがあってノレンに威圧されがちなこと、さらに、個人的なつきあいがあったり、親切にしてもらったりしたために、つい義理人情のとりこになったりすることがあるのに対して、『ミシュラン』は、いつ誰がどこへ行って飯を食ったか、レストラン側にわからない仕組みになっているからである。

つい先月も、私はニースの海岸沿いの「レゼルブ・ド・ボリュー」という宿に泊っていて、カンヌに近い海岸から山の中にちょっと入った「ムーラン・ド・ムージャン」という三つ星のレストランに食事に行ったことがあった。山の中まで行って、帰りにまたニースからタクシーを呼んでもらうと、高い料金を取られて、結局、同じことになるから、リムジンをおやといになって、帰るまで待ってもらったらどうですか、と宿のコンサルジエにいわれた。待たせて往復してもらっていくらですかときいたら、千三百フランだという。たった一食の夕食のために、タクシー代五万二千円也はいかにも高いと思ったが、どうせ無駄のしついでだから、えいッと跳びおりたつもりになってたのんだら、ベンツのリムジンに英語のわかるショウファがついてきた。ムージャンまで車で一時間かかるといわれたが、実際には高速道路を走ると、三十分くらいで着いてしまう。時間があまりすぎたので、途中、ニースの街中をあちこち案内してくれ、ビクトリア女王が夏になると、家臣を引きつれて泊りにきたというホテルで、いまはコンドミニアムになっているところだとか、ビクトリア女王の銅像を見せてくれたりした。またニースの海岸通りをどうして「イギリス人の散歩道」（プロムナード・アングレー）と呼ぶようになったかというと、ビクトリア女王についてきたイギリス人の貴族たちが大勢でしょっちゅう散歩していたからだ、という説明をしてくれたりした。

この運転手は、金持ちの旅行者たちを高級レストランに案内することが多いとみえ、話をしていると、レストランの情報に実によく精通している。私が家族連れで、パリやリヨンの有名料理店を歴訪してきたことを知ると、

「自分にとって、『ミシュラン』はバイブルみたいなものですよ。商売に直接役に立ちますからね」

「『ゴーミヨー』というのはどうですか？」

と私はききかえした。私は新しく出た『ゴーミヨー』の案内書を買ったばかりだったし、現にこれから行くムージャンのレストランの予約も、『ゴーミヨー』の社長の手をわずらわしている。

「いや、『ゴーミヨー』は商売気があるから駄目ですよ」

と運転手は答えた。

「商売気があるとおっしゃると？」

「つまり、お金をくれたり、広告してくれたりすれば、えこひいきをすると私は見ています。『ミシュラン』は、その点、絶対買収されませんからね」

なるほどフランス人の中には、そういう物の見方をしている人もあるんだなあ、と私は一つ教えられた気がした。『ミシュラン』は、ご存知の通り、タイヤ会社「ミシュラン」が自動車を運転して旅行したり、食事に行ったりする人たちのために、年間一億円ほども予算をかけて覆面の試食員を二十何人も動員して点数をつけている。パリに六軒ある三つ星のレストランのうち、「マキシム」があまりにも観光ずれして料理の質が落ちたので、二つ星におとすといったら、それではカッコがつかないから、いっそガイドブックから削除してくれといわれたといういきさつもある。そういう頑なさがあるだけに、いっぺんこうと思い込んだら、いつまでも自分の主張に固執するから、点数のつけ方が保守的だという批評もある。その点、『ゴーミヨー』は、リヨン出身のゴーとミヨーという二人がはじめたホテルとレストランの案内書で、歴史もほんの十数年ばかりだから、商売人的な面もあろうが、新進気鋭らしい長所もないではない。たとえば、パリの三つ星「グラン・ヴェフール」を格下げ（『ゴーミヨー』の場合は、最高四つ帽子がグラン・ヴェフールの場合は二つ帽子）にしたが、その理由として、同店の主人レイモンド・オリヴェー氏がキッチンに立たなくなってから既に十数年もたつのに、シェフに権限をあたえないために、料理が十数年前の線でストップし、なんら進歩していないことをあげている。

その点『東京いい店うまい店』も、同じように、後進に属するから、どちらかといえば、『ゴーミョー』の線に近いし、『ゴーミョー』ほど商売的ではないかもしれないが、日本的義理人情とか、執筆者の個性に大きく左右されるところはあるにちがいない。そういう意味では、日本に『ミシュラン』に類する公正な案内書が新しく誕生する余地があるような気がする。現に『東京いい店うまい店』の上にあぐらをかいてノホホンとやっている老舗に腹を立てて、「東京まずい店高い店」という特集を組んで人気をさらった雑誌も既に出現している。これまた出るべくして出た好企画といってよいのではあるまいか。

さて、『東京いい店うまい店』の五人の常連執筆陣の一人に、薄井恭一さんという人がいる。薄井さんは前にもちょっとふれたが、私の東大経済学部時代の同級生薄井憲二君の兄さんで、私が小説家になろうとして香港から東京へ出てきたときは、『文藝春秋』の編集者をしていた。この薄井さんはたいへん世話好きな人で、あるとき、私の家に食事に招待したところ、

「邱さんが料理にこんなに詳しいとは知りませんでした。大阪に鶴屋八幡という和菓

子屋がスポンサーになって発行している『あまカラ』という食味雑誌がありますが、ひとつあそこでシナ料理の話を連載しませんか？」

と誘いをかけてくれた。まだ『文学界』も『新潮』もロクに相手にもなってくれなかった頃のことであるから、いきなり連載とは、いかにも有難い話であった。すぐに話に乗って書きはじめたのが「食は広州に在り」であり、それが予想外に好事家たちに気に入られたので、「象牙の箸」「食前食後」と同じ雑誌に十年間も食べ物のエッセイを書くことになり、気がついて見たら、私は「料理の大センセイ」「大食通」ということになってしまっていた。とりわけ『文藝春秋』で「食通知ったかぶり」という連載を書いた丸谷才一氏がその中で戦後書かれた食べ物に関する三大名著の一つとして私の『食は広州に在り』を推奨したので、私の一連の食べ物随筆は、突如としてロングセラーズの仲間入りをし、洛陽の紙価を高からしめるほどではないが、一回の再販が二万冊、三万冊といった売れ行きを示すようになった。もともとは原稿料代わりに、鶴屋八幡の羊羹をもらう非商業的な小雑誌に面白半分に書いた食べ物の話にすぎなかったのが、時代の移り変りで、逆に私の方が飯を食わせてもらえるようになったのだから、まったく世の中というものは思いもよらないことがおこるものである。それはもっとずっと後のことであるが、その薄井さんが同じ『あまカラ』誌で「食いしん坊」という連載をされて評判になっていた小島政二郎ご夫妻を誘って私の家へ食事に見えることになった。

小島政二郎・白井喬二・子母沢寛

小島政二郎先生というと、私は「新妻鏡」という小説で存じあげている。古賀政男メロディーの同名の歌謡曲の原作者でもある。そういうと、小島先生はあまりお気に召さないのではないかと思う。というのは、小島先生は、自分は純文学を志してきたし、その才能も充分持ちあわせていたのに、菊池寛あたりにすすめられて、大衆小説を書いてバカ当りしたのがいけなかった、もし自分にゼイタクな女房と、金のかかる情婦がいなくて、金のために原稿を書かなければならないような目にあわなかったら、もう少しマシな仕事ができた筈だ——と、自伝風の小説の中でも、はっきりと書いておられるからである。

しかし、私は小学生の頃に、台湾で、母親がとっていた『主婦之友』を、「子供の読むもんじゃない」と叱られながら、かくれ読みしたし、確かそのなかで「新妻鏡」をはじめとして、小島先生のいわゆる大衆小説にお目にかかっている。小島先生の時代には、純文学と大衆小説という区別があって、大衆小説は金のために書くもの、それに比べると純文学はもっとランクの上のもので、芸術的な動機で書かれるもの、と思われていたフシがあるが、私のような日本の伝統的教育を受けなかったものには、いくら説明を受けても、その区別がまったくつかない。作品には、よい作品とよくない作品というのがあるだけで、大衆小説であろうとなかろうと、よい作品はよい作品で、たとえ純文芸でも一人よがりで、多くの人の共感を得られないものは落第としか思えないのである。したがって、小島先生のようにコンプレックスを感ずる必要はサラサラないし、私の見るところでは、どちらかといえば、ある時代の人々に共感をもたれた作品の中にしか後世に残る作品は存在しないのだから、むしろ大衆の共感を得るにはどうしたらよいか努力すべきであるとさえ思えるのである。

　その小島先生は、年齢的には私などより二廻り半も年上だし、当時、直木賞の選考委員もやっておられたから、前回の直木賞の候補にのぼって落選した私の家へお招びするとなると、次回直木賞の事前運動をやっているように見えないこともない。安岡章太郎流にいえば「メシで釣って文壇に乗り出す」工作の一環をなすものであるが、実際につぎの直木賞選考委員会で、私の「香港」という作品が候補にのぼったとき、小島先生は反対にまわったそうだから（小島先生自身は反対しなかった、と人づてに私に伝えてこられたが）、仮に事前運動をしていたとしても、あまり効果がなかったことになる。そんなことよりも、薄井恭一さんが小島政二郎夫妻を案内して、多摩川べりの私のあばら家においでになるときかされたとき、私は「新妻鏡」の作者に会えると思って胸が高鳴った。

小島先生は、『あまカラ』誌に「食いしん坊」と題してエッセイを連載しておられ、同じ雑誌で、私も「食は広州に在り」を連載していた。雑誌というのは不思議な容れ物で、載せるとなれば、大文豪の作品も駆け出しの作品も、同じ一つの容れ物の中におさめられてしまう。むろん「食いしん坊」は、のちに文藝春秋社から出版されてベストセラーズになったくらいだから、毎号、雑誌の巻頭を飾っており、私の文章は、福島慶子さんとか戸塚文子さんとか小林勇さんたちと並び大名になっていた。それでも面白ければ、人は読んでくれるし、書いたものが長く売れるようになるのだから、文章というものは片時もゆるがせにできないものである。

その日は、記録によると、昭和三十年十一月二十二日だから、私が第三十四回直木賞を受賞した翌三十一年一月末からわずか二ヵ月ばかり前のことである。私の姉の臼田素娥は、のちに料理研究家として、新聞やテレビにたえず登場するようになったが、当時は、一回目の結婚に失敗して、拳闘家の臼田金太郎と再婚し、中野でピーチガムというチューインガムの工場を経営していた。新しく私の義兄になった臼田金太郎が、ウエルター級チャンピオンとしてボクシング界に初登場したのが大正十三年、私の生まれた年のことである。『拳闘五十年史』を読むと、その第一ページに出てくるくらいだから、文字通り草分け時代のチャンピオンであろう。彼が活躍をした昭和初期に、ファンとして一所懸命応援してくれたのが、小説家の子母沢寛先生だった。

　また私の姉は、戦前、目白の女子大に留学に来ていたが、母に命令されて、当時まださほど有名ではなかったけれど、麹町三番町で草月流道場をひらいていた勅使河原蒼風氏の門を叩いた。その関係で、いろんな人と知り合いになっていたが、そのなかには戦後、ラジオやテレビで売り出した三木鶏郎、鮎郎兄弟のご両親にあたる弁護士の繁田保吉夫妻もあれば、小説家白井喬二、井上鶴子夫妻もある。殊に白井先生ご夫妻にはたいそう可愛がられ、女子大を卒業したあと、一時期、白井家に居候をしていたこともあった。そういう関係で、いくらかでも私の小説稼業のプラスになればと思ったのであろう。姉夫婦は小島先生がおいでになるのなら、子母沢寛先生のご夫妻と白井喬二先生のご夫妻もお招びしましょうといって、自分たちで電話をかけてくれた。白井夫人は何かの所用でその日はどうしても来られなかったが、小島夫妻は薄井夫妻に案内され、また子母沢夫妻と白井先生は、うちの姉夫妻に案内されて、私の多摩川べりの小さな家へ気軽に顔を見せて下さった。

新しく買った家とはいえ、敷地がわずか三十坪に十五坪くらいの建物だから、食事をするといっても、八帖くらいのリビング・キッチンにテーブルをおき、出窓に突き出したソファに三人は坐ってもらわないと、十人の来客の尻がおさまらない。カーテンをひいて、その向うでは、うちの女房が料理をやっているのだから、考えてみると、よくぞこんなあばら家に天下の名士たちを招待したものである。招待する方も招待する方だが、気軽に来てくれる方も来てくれる方である。やはり私が『あまカラ』誌に書いた「食は広州に在り」の魔術にだまされたといってよいかもしれない。

白井喬二といえば『富士に立つ影』という大長篇で、戦前は大いに名を轟かせた方であるが、戦後は既に第一線から半分以上、退いておられた。その白井先生は、私の顔を見ると、すぐにこういった。

「君の小説を読みましたが、小説というものはピンと弓を張ったように、はじめから終わりまで緊張しどおしの書き方ではいけません。ところどころ遊びがあって、息をつくところがあると、ピンと張ったところが生きてくるのです。もう少し遊びのところをうまく書くと、グンとよくなりますよ」

そのときは、ハア、ハアとかしこまってきいていたが、本当のところ、何のことだか、さっぱりわからなかった。しかし何十年かたって、その頃書いた「濁水渓」とか「香港」とかいった作品を読みかえしてみると、ひたむきに走りつづけるような感じで、若さと情熱に溢れているが、読んでいるうちにだんだん息苦しくなってくる。なるほどこのことだな、とこの年になってやっと理解できるようになった。

　また子母沢先生も、同じ『あまカラ』誌にときどき執筆されておられたが、昔、新聞記者をおやりになっていた頃、『聞き書き味覚極楽』という食べ物の名著を書いておられる。これは役者だとか政治家だとか実業家だとか、当時の名士を訪ねて、食べ物について喋ってもらったのをルポ風に再現したものであるが、登場する人物をホーフツとさせるばかりでなく、食べ物のことが目の前に浮かびあがってくるような、素晴しい作品である。子母沢先生は、食事の席上では、ごく世間並みの話しかされなかったが、二ヵ月たって私が直木賞を受賞すると、薄井恭一さんを通じて、私にお祝いの言葉を送って下さった。そのついでに、

「作家というものは、個人の才能による職業ですから、いかなる団体にも所属しないことが大切です。一人で生きていく修行をして下さい」

　とアドバイスされた。私は、文章の書き方については、とうとう誰からも深刻な影響は受けなかったが、先生のアドバイスはいまもはっきり脳裏に刻み込まれている。

梅崎春生のメスの羊

梅崎春生さんが多摩川べりの私のアバラ家へ奥様連れでお見えになったのは、昭和三十二年三月二十二日のことである。私がはじめて「濁水渓」という小説で直木賞の候補になった昭和三十年の春に、梅崎さんは「ボロ家の春秋」という小説で一足先に直木賞を受賞した。梅崎さんは既に「桜島」という佳作を書いて文壇に地位を築いていたし、作家としての力量も並はずれていたから、梅崎さんが当選して、私が落とされたことに私は何の不満も抱かなかった。

まず梅崎さんは稀に見る頭脳の冴えた人だった。その分だけ神経がデリケートにできていたから、一歩間違えたら、気がヘンになるような人ではないかと私は思っていた。その梅崎さんが何かの会合で私に会ったとき、自分は邱さんが『あまカラ』誌に執筆している「食は広州に在り」を愛読していますよ、といった。

「あなたの書いていることに少し文句があるんです。あなたはおでんのダシが昆布や鰹節だけじゃ物足りない、豚の骨や鶏のガラで試してみたらどうか、と書いていたでしょう。でも、おでんは豚の骨や鶏のガラのダシでは絶対に駄目です。僕は絶対に反対だね」

梅崎さんも檀一雄さんに似て、片時も酒杯を手からはなさない人であったから、酔っぱらった勢いに任せて、私につっかかったのであろう。でも私は梅崎さんの文章には敬意を払っていたし、おでんと日本酒のよく似合う文士気質の人だと思っていたので、

「うちにいっぺん、飯を食べにいらっしゃいませんか？」

と誘った。そうしたら、梅崎さんはたいへん喜んで、ぜひ伺いますといった。

梅崎さんは頭のよい人であったが、書いたものを見ると、自分の身辺のことや体験した事実をもとにしたものが多かった。いわゆるストーリー・テラー的な小説家ではなかった。だから、私はこの人は、小説などというスタイルでなく、チャールズ・ラムやモンテーニュのように、エッセイストとしてのジャンルで活躍すれば、すぐれた作品を残す人ではないかと思った。同じことを、私はのちに安岡章太郎さんにも面と向っていったことがあるが、梅崎さんの文章は非常にキメの細かいものだったから、いっそうその感が深かった。

もし文章を日本料理か、中華料理か、それとも西洋料理か、といった分類の仕方で分類するとすれば、梅崎さんの文章はさしずめ日本料理であろう。はじめて小説を書く人が、小説家として認めてもらうには、材料の生きのよさで人をひきつけるにこしたことはなく、材料七分、腕三分くらいでやれば欠点がかくれて成功する確率が高いときいたことがある。中華料理は、大体、材料三分の腕七分だが、日本料理は材料七分の腕三分くらいですかね、といったら、井上靖さんから、いや、日本料理は材料九分の腕一分ですよ、と訂正されたことがあった。実はそれくらい日本料理は材料の吟味が料理の出来映えを左右するわけだが、あるとき、文藝春秋社の池島信平さんと料理の話をしていて、梅崎さんの作品のことに及んだら、

「あの人は、日本料理の板前にたとえたら、稀に見る名板前ですよ。なんでもない材料をつかって、あれだけ読ませるんだから、腕九分でしょう」

と池島さんはすぐに応じた。私は池島さんは名編集長と謳われる人だけあって、一人一人の物書きとその作品について、実によく観察しているなあ、と感心したことがある。

梅崎さん夫妻が私の家へお見えになった日は、檀一雄さんも珍しく奥さん連れでこられた。当日の名簿を見ると、読売新聞文化部の赤沢正二部長、藤沢逸哉次長、講談

社出版部長梶包喜氏、同じく出版部の川島勝氏、それから創元社社長の小林茂さんもお見えになっている。読売新聞社の人が檀さんについて来たところをみると、檀さんが読売新聞に「夕日と拳銃」の連載をはじめたか、はじめようとしている時期だったのであろう。檀さんは、先にも述べたように、不思議な魅力をもった人で、文章よりも（といっては申し訳ないが）人柄で人の心をつかまえてしまうようなところがある。だから連載がはじまると、その媒体の責任者も担当者もすべて檀さんのペースにまき込まれて、行動を共にすることが少なくない。ところが、檀さんは、大流行作家になって、「僕は月収百五十万円あるんだぞ」と自慢しても、財布の中にお金があったためしがない。お金は湯水のごとく使ってしまうし、またそうすることが栄養分になって文章が生きてくるのだと信じ込んでいる。だから私は、「檀さんが東大経済学部の出身だとおっしゃっても、信ずる人はいないでしょうね」と冷やかすと、

「うん。邱君は東大経済学部の卒業だけれど、僕は東大不経済学部の出身なんだよ」

と平気な顔をしている。そして、月収百五十万円と豪語した舌のかわかないうちに、

「君、十万円貸してくれんか」

と平気でいうのである。そういう具合だから、おそらく出版社や新聞社で、檀さんに前借りをされなかったところはなかったのではないか。しかし、金銭ごときものな

ど眼中にない態度だから、どこのジャーナリストも檀さんには人一倍親しみを感じ、檀さんの役に立てるなら、と何でもやってあげるようなところがあった。

その点、梅崎さんは、檀さんのような八方破れでなく、もっと小心に自分のペースを守る人だった。だからおそらくは檀さんに負けない貧乏生活の体験もしただろうと思うが、出版社に勤めていた女性と手堅い恋愛をして、その人を奥さんに迎えた。梅崎さんの奥さんと私はそのときが初対面であったが、経済的にもしっかりしていそうな奥さんだから、梅崎さんは自分の内面生活と、社会人としての常識のバランスをとるのに苦悩していたのではないか。もちろん、立ち入ったことは私にはわからないが、シラフで人と話をするのが難儀らしく、酒という船に乗り込んで、酒にいつも身を委ねているような感じである。私の家に見えたときも、たちまち酒に酔いつぶれて、ちょうど私の隣家に住む北海道の弁護士の奥さんが色紙を持ってきて何か書いて下さいと頼んだら、

「羊踏破菜園」と書くつもりが、「羊」という字を「美」と書いてしまった。本人はすぐに気がついて、

「やあ。しまった。羊が股をひらいてしまったから、こりゃメスの羊ということにしよう」

とそのままあとをつづけて書きあげてしまった。おそらくこの色紙はいまも北海道の知人の家に愛蔵されていると思うが、私はこういうところに梅崎さんの本領が覗き見られるような気がして、ユーモアを感ずると同時に心温まる思いがした。

「羊踏破菜園」とは、私が当時ずっと『あまカラ』誌に連載していた「食は広州に在り」の中の一篇のタイトルである。なぜこういうタイトルがついているかというと、昔、野菜ばかり食べている人がいた。あるとき、人にご馳走になって、羊の肉を腹いっぱい食べたら、夢に五臓の神が現われて「羊踏破菜園」と告げたそうである。以来、ふだんあんまりうまいものを食べていないものが急に腹いっぱいにご馳走になって、いま胃の腑がびっくりしているところです、という意味で、他人の家に招待されて盛大な歓待を受けた時に感謝の意を表する言葉として使われるようになった。

梅崎さんは、自分は邱さんの作品はちゃんと読んでいますよ、ということをほのめかすと同時に、本当にご馳走さまでした、という感謝のしるしを、一枚の色紙の中にそれとなく表現しようとしたのである。しかし、そのはにかみを酒でまぎらそうとする人生態度をその後もふっきることができなかったので、「幻化」の小説の題名通り、夢まぼろしの人生をあっという間に駈足で走り去ってしまった。

〝邱飯店〟の名付親・池島信平

私の家のパーティに〝邱飯店〟という名前をつけたのは、文藝春秋の池島信平さんであるが、池島さんが実際に私の家へ来られたのは、昭和三十二年四月十五日になってからであった。

芥川賞も直木賞も、文藝春秋社がはじめた文学賞であり、私が直木賞をもらったのは三十一年の一月の末であるから、池島さんにお会いしたのは、多分、それよりは少し前ではなかったかと思う。

「小説家志望の田舎の青年が自転車に乗ってよくたずねてきてね、原稿を見てくれというものだから、君、どんな作家の作品を読んでるかねときいたら、菊池寛作に、里見弴作です、といったりするんだよ。おかしくて笑い出したくなるけれど、純朴愛すべきところがあるから、しっかり頑張りなさい、と鼓舞激励してかえすんですよ」

そういうエピソードをきかされたのは、文藝春秋社がまだ銀座みゆき通りにあるいまの別館に本社をかまえていた頃ではなかったかと思う。その後、社屋を西銀座八丁目に移し、私の直木賞受賞が決定したときは、八丁目の本社から、すぐおいで乞う、という電報が多摩川べりの私のところへ届いた。

私が喜び勇んで出かけて行くと、池島信平さんが応接に出てきて、最初にきいたことは、

「邱さん、あなたの小説に出てくる主人公は、あなた自身がモデルですか？」

受賞作になった私の「香港」という小説は、政治的な事情で台湾から香港に亡命した主人公が、生計の費を得るために、露店商をやったり、伊勢海老とりをやったりしたが、どれもこれもうまくいかず、一番最後に、カサブランカに輸出する茶の葉に石ころをまぜて香港ドル百万ドルをだましとって日本へ逃げるというストーリーであった。経済小説のハシリみたいなものだから、当時としてはかなり新鮮さがあったのであろう。池島さんは、自分もこの小説がいいといって極力推薦したんですよといい、同時に、ミーハー的好奇心もあったのであろう、私自身をモデルにしたのか、ときいたのである。それに対して、私はすかさず、

「もし私に、百万ドルだまして逃げるだけの勇気と才覚があったら、小説家なんかになっていませんよ」

と答えた。すると池島さんはニコニコ笑いながら、

「それもそうだね」

と頷いた。

二百四十枚あるその小説を次号の『オール読物』に掲載したいから、三分の一くらいの長さにカットしてくれないか、と池島さんは私に注文を出した。私は、自分が二百四十枚の長さに書いたのは、そうするのが適当だと思ってやったのだから、とても自分の手で刈り込みはできません、と断わった。

「それもそうだね」と池島さんはもう一度頷いて、「じゃ僕がやってあげましょう。でも、そうなると僕の方がカンヅメになっちゃうなあ」

すぐ心よく引き受けてくれて、池島さん自身が刈り込みの作業をやり、次号の『オール読物』に掲載してくれた。池島さんは当時、既に編集局長と本誌の編集長を兼任していたが、名編集長として文藝春秋社の一枚看板みたいな存在であった。だから、私の受賞作がまだ出版社もきまっていないときくと、

「出版もうちでやりましょう」

と私に請けあった。しかし、私の受賞作はとうとう文藝春秋社から出版されなかったばかりでなく、今日に至るも私の本の中で文藝春秋社から出版されたものは一冊も

ない。私は何も知らなかったが、池島さんの羽ぶりのよさに当時、出版局長をしていた車谷弘さんが反感を抱いており、池島さんが私に出版のことまで請けあったことを知ると、これは自分の縄張りだから何が何でもうちでは出さない、と突っぱねた。私にしてみれば、とんだとばっちりであるが、結局受賞作はほかの出版社から出した。ずっとのちになって、文藝春秋社の出版部から、私の新聞連載を本にしないかといわれたことがあるが、他社とのつながりが強くなってもいたし、既に出版元も決定したあとだったので、ご希望には残念ながらそうことができなかった。ホンのちょっとした行き違いで人間のつながりは異った方向へ向ってドンドン走り去ってしまうものだ、という見本みたいなものである。

出版については遂に文藝春秋社と縁がなかったが、池島さんには非常に可愛がってもらった。芥川賞、直木賞の授賞式というと、昨今はお祭り騒ぎで、テレビも新聞もいっせいに押しよせるが、私たちの頃は、賞金十万円とロンジンの腕時計を一つくれるだけで、集まるのも選考委員と文藝春秋社の幹部の人たちだけであった。また食卓にはサンドウィッチとビールが出るだけで、祝辞もなければ、答辞もなかった。確か、受賞の日、私が少し早目に出かけて行って池島さんと雑談をしているおりに、自分が台湾からとび出したいきさつを話し、

「日本人は自分たちは地獄に住んでいるようなことをいうけれど、僕から見ると、天国の話ですよ」

といったら、

「それだ。その話を『文藝春秋』に書いて下さい。〝日本天国論〟というタイトルでいきましょう」

と、速戦即決、その場で次号に載せることをきめてしまった。「日本天国論」はのちに中央公論社から単行本として出版されたが、三十枚ばかりの文明批評として『文藝春秋』に載ったのは、受賞直後の昭和三十一年の四月号であった。ちょうどその時分はいわゆる進歩派の学者の花盛りで、ついこの間まで一億玉砕を叫んでいたひとたちが変わり身早く平和を叫ぶようになり、身に危険が及ぶ心配のないのをいいことに、アメリカ人に悪態の限りをついているところであった。そういう卑怯者に対して、私は、

「所謂平和論者が存在している限り、彼等が日本をアメリカの植民地にすることから防ぐだけの力があるかどうかは知らぬが、日本がアメリカの植民地になっていない証拠にはなる。植民地ならば、彼等はとっくの昔に姿を消していると、かつて植民地に育った我々にははっきり断言出来るからである」

と書いた。すると、人の悪口をいうのが専門の大宅壮一先生が、「いまだかつて日本人によっても、日本に来た外国人によっても、これだけユニークな日本論が書かれたためしがない」と口をきわめて私をほめちぎった。私はびっくりしたが、同時に、いくらか自信もつけた。おかげで、つぎつぎと文明批評や社会評論に手を染めるようになったが、そのきっかけをつくってくれたのが池島信平さんであった。

池島さんは、私と話をするのが好きとみえ、のちに文藝春秋社の社長になって社長室におさまると、第一線から退いて、よほど退屈しているらしく、私がたずねて行くと社長室に私をとおして、亡くなった先代社長佐佐木茂索さんの遺産相続のことから紀伊國屋書店の経営のことに至るまで世俗的なことについて私の意見をきいたりした。文士で経済や経営のことまでわかる人は滅多にいなかったから、池島さんは私の顔を見るたびに、

「菊池先生が生きておられたら、邱さんなんかおそらく一番可愛がられただろうな」

と口癖のようにいった。もっともそれはずっとあとになってからのことで、池島さんがはじめて私の家に見えたのは、『あまカラ』誌の編集長をやっていた水野多津子嬢が大阪から出てきて私の家へ挨拶に見えたときだった。ちょうど私が同誌に連載していた「食は広州に在り」が完結し、龍星閣から単行本になって出版されたばかりで、

私にお祝いをいうのと、あとまた連載をするよう頼みにくる用事を兼ねていたのではないかと思う。

『あまカラ』誌のスポンサーである鶴屋八幡の専務の今中善治さん、息子の繁雄さんがご一緒で、それに河盛好蔵さんのご夫妻と池島信平さんのご夫妻もご一緒だった。ほかに『オール読物』の編集長をやっていた小野詮造さんと編集の高松繁子嬢が同行したが、これは池島さん夫妻をご馳走したというよりは、『あまカラ』のシンパが皆で大挙して私の家に押しかけてきたという感じであった。

スポンサーの鑑・鶴屋八幡

『あまカラ』という食べ物エッセイの雑誌は、前にもふれた通り、大阪の羊羹屋の鶴屋八幡が実質上のスポンサーであったが、これくらい商売気のないスポンサーも珍しい。今橋にある鶴屋八幡の本社の三階の一室を編集室として提供した上に、印刷費から人件費までいっさい受け持っているのに、雑誌の表か裏に鶴屋八幡の広告をホンの申し訳に出しているだけで（おそらく税務署を納得させるために形式的にそうしたのだと思うが）、あとはいっさい自社の宣伝はせず、すべてを編集長の水野多津子さんの勝手気儘に任せたのである。

シロウトの編集者くらいおそろしいものはないというが、食べ物の雑誌をやりたい一心で、あちこち駈けずりまわっていた二十歳そこそこの小娘が小島政二郎先生の口ききで、鶴屋八幡にスポンサーになってもらったせいもあって、小島先生がずっと巻頭に「食いしん坊」を執筆しておられた。もう今は隠居生活を送っておられるが、鶴屋さんの専務の今中善治さんが大阪商人にしては、どこか一本、心棒が抜けているのではないかと思うほど欲のない人で、自分のところの商売に直接寄与しなくとも、「そいでよろしうおます」と何でもオーケーするので、頼みこんだ小島先生の方が気を使って、ご自分の連載の文章の中で、しきりと鶴屋の鶏卵素麺や生菓子の提灯を持っているのが涙ぐましかった。

そういうソロバン抜きの雑誌であったから、池島信平さんをはじめ、『文藝春秋』の編集部の面々が手を貸す気になったのであろう。水野嬢が頼むと、池島信平さんは忙しいさなかでも断わらずに、『あまカラ』に原稿を書いたばかりでなく、『文藝春秋』の常連執筆者たちにも心よく紹介の労をとってくれた。だから、同好者のミニコミでありながら、『あまカラ』の執筆陣は一流雑誌に負けない豪華なものであった。

とはいえ、商業雑誌ではないから、『あまカラ』に原稿を書いても原稿料はもらえない。原稿料の代わりに、鶴屋八幡のお菓子か、『あまカラ』に広告を出している昆布屋や味噌屋の製品が送られてくる。それはそれでご愛嬌なのだが、私のように五、六回分書くつもりだったのが、「食は広州に在り」「象牙の箸」「食前食後（漢方の話）」と延々九十回、足かけ十年の連載になると、毎月毎月、鶴屋八幡の羊羹が届く。いかに甘党でも、いかに鶴屋の羊羹が美味の結晶であっても、しまいには「羊羹こわい」

という気持になってしまう。おかげで『あまカラ』が廃刊になったあとも十年間くらいはその後遺症がつづき、鶴屋八幡のお菓子をもらっても手をつける気がおこらなかった。

水野さんの方でも気をつかって、毎月、甘い物ではうんざりするでしょう、何かほかの物を、といって、菊正宗の蔵出しをはじめ、小倉屋のえびすめから米屋の味噌に至るまで関西のありとあらゆる名物を送ってくれた。岡山市の内山下にある初平という果物屋の白桃や葡萄を知ったのも、『あまカラ』からのプレゼントが機縁で、職人気質の初平さんは私が喜ぶのを見て、自分で丹精した韮黄まで速達便で届けてくれるようになった。韮黄とはニラを陽にあてずに黄色く柔いまま大きくしたもので、「ニラのモヤシ」とでもいったらいいだろうか、日本人は滅多に食べないが、中国人はこれを珍重し、海老と炒めたり、牛肉の繊切りと炒めたりする。初平さんが亡くなってからは、しばらく供給が途絶えていたが、台湾へ帰るようになってから、毎月のように台北の市場で野菜の買い出しをするようになったので、我が家の食卓でも最近はよくお目にかかるようになっている。

また私が関西へ行くと、水野さんと今中さんが出てきて必らずのように、大阪と京都の一流の料亭に私や妻を案内して盛大にご馳走をしてくれた。原稿料は払えないけれど、大阪へ来たときくらいはご馳走しなくっちゃ、という考えらしく、吉兆や生野や一々からはじまって、美々卯のうどんすき、すっぽんの大市など、どこにでも連れて行ってくれた。私が目の玉がとび出るほど高い料金をとられる一流料亭をあまり好まず、「うまくて」「安くて」「庶民的なところを」と注文するので、邱さんのご相伴《しょうばん》が一番むずかしいですね、といつも水野さんからこぼされた。『あまカラ』でそういう待遇をされたのは、小島政二郎、池島信平、福島慶子、戸塚文子、森田たま、子母沢寛、吉田健一といった人たちであり、そうした仲間では私が一番年が若かった。

いつの間にか、そういう親密なつきあいになっていたので、水野さんが私のうちに挨拶にくると連絡してきたときに、私は池島信平夫妻と河盛好蔵夫妻もお招びしましょうと提案した。その晩のメニューを見ると、当帰鴨湯とか西洋菜炒牛肉とか什錦河粉とか、やや毛色のかわった料理が出ている。当帰は朝鮮人参と並んで中国人が好んで使う漢方薬で、お産のあとだとか、月経不順の女性の補血食に使用される。家鴨を一羽、八切れくらいにぶったぎって、胡麻油で炒め、その中に当帰と枸杞と生薑《しょうが》を入れて水を加え、二重鍋で二日間くらい蒸すのである。当帰や枸杞の強烈な匂いがしみこんでいるので、クスリ臭いといっていやがる人には駄目だが、いかにも精力のつきそうなスープであり、少し苦味のあるユニークな美味である。

また西洋菜炒牛肉の西洋菜とは西洋料理に出てくるクレソンのことである。クレソンは普通ホテルのレストランで肉料理のつけあわせとしてナマのまま出てくる野菜で、西洋人はそのまま生食している。やや苦みがあっていかにも鉄分を多く含んだ感じであるが、昔は鉄分は肺病によいと考えられていたから、クレソンは病弱者の特効薬であった。クレソンをどうして広東人が西洋菜と呼ぶようになったかというと、十七、八世紀の頃、ヨーロッパから東へ東へと渡航してきたのはポルトガル人が最初であった。そのポルトガル人を広東人は大西洋人と呼んだから、西洋菜とはポルトガル人の野菜というほどの意味になる。なんでも広東あたりへやってきたポルトガル人が中国人の船乗りをやとったところ、その中国人が肺病で航海に耐えられないことがわかったので、離れ島に停泊したときに置き去りにした。つぎにまたその島に寄ったとき、どうせもう生きていないだろうと思ったら、すっかり元気な姿を見せたので、驚いてどうしたのかときいたら、川っぷちに生えた芹を食べていたという。その芹をポルトガル人が採取してわざわざ中国まで持ってきて伝えたというのである。はたしてその通りかどうか確証はないが、広東人はクレソンを常食とするようになり、香港には西洋菜街という名前の町名がいまに残っている。おそらくその附近にせせらぎがあって、クレソンがたくさん生い茂っていたところではないかと思う。西洋人はクレソンをナマで食べるが、広東人はこれで牛肉を炒めたり、豚肉の塊りと一緒に煮てスープをつくる。一種、独特の風味をもっているが、日本人には物珍しさの方が先に立つかもしれない。

また什錦河粉の什錦は五目の意味で、河粉は、米の粉でつくったひもかわうどんと思えばよい。うどんのように乾燥したものを水に浸けて戻して、油で炒める。豆豉《タウシー》（日本でいう浜納豆）で味つけをするのが広東風の調理法であるが、東京の中華料理屋へ行ってもたいていは「売り切れ」といってめったにお目にかかれない。

その点、うちの料理は手放しで自慢するほどのことはないが、手間ひまをいとわず、料理屋では敬遠する料理を丹念に時間をかけてつくる。そういう誠意がやはり心ある人には通ずるのであろう。一度、私の家で食事をした池島信平さんはいたく気に入ってくれて、

「邱飯店の料理は素晴しいよ」

と会う人ごとに宣伝してくれた。『文藝春秋』が宣伝するより、編集長の口コミの方が遥かに威力があるので、私のうちの料理はたちまち人口に膾炙するようになった。

大編集者の風貌と条件

池島信平さんは、私などから見ると、大編集者とでも呼ぶべき偉大なジャーナリストであるが、初対面の人にとってはどこにそういう才能がひそんでいるのか、まったく見当がつかないような、愛想のよい、きさくなおじさんである。本郷の大学の前の牛乳屋さんに生まれ、商人的な雰囲気に育ったせいもあるが、頭が低く、そのまた頭の髪毛がうすく、丸い顔に眉毛さえなく、目だけがクリクリとした風貌とも関係があるように思う。

池島さんは、そのことを人一倍気にしており、わけても眉毛には人知れぬ苦労をしたらしく、女の人が塗るようなマユズミをこっそり塗り立てていた。オツムについては、私も同じ悩みをもっていたから、池島さんは自分自身を嗤う代わりに、ときどき、私をひやかした。それについては面白い話がある。

私が直木賞をもらったのは、私が三十一歳のときで、直木賞は既にプロとして多少、名の知られた人にくれるせいか、たいてい、四十五歳前後の人が多く、私は最年少であった。最近、つかこうへい君が三十四歳の若さでもらったが、男ではいまのところまだ記録は破られていない。しかし、最年少であったにもかかわらず、当時、私の頭の髪は既にかなり後退しており、しかも密集とはほど遠い状態になっていたので、私が文藝春秋社に出かけていくと、池島さんは私をつかまえて、

「邱さんは四十歳になったくらいですか？」

「いえ、まだ三十一歳ですよ」

と答えたら、びっくりした表情になって、「へーえ。そんなに若いんですか。悩みはつきませんなあ」

まさか同病相憐れむ気持から私に関心を払ってくれたのではないと思うが、池島さんは受賞後の私にすぐ「日本天国論」を書かせてくれただけでなく、私がどういう方向に向って走り出すのか、ジッと注目してくれていた。おそらく自分がそういう目で見られていると思ったのは私一人ではあるまいが、誰にもそう思わせるところが大編集者たるユエンかもしれない。しかし、受賞後の私の執筆活動は必らずしも順調ではなかった。私の書くものは、香港や台湾のことが多かったし、檀一雄さんの予言したように、日本的義理人情にしか興味をもっていない編集者たちが食指を動かす対象で

はなかったので、私のところへはほとんど原稿の注文がこなかった。私は時間をもてあまし、古典の勉強をして「私の論語」という百枚ばかりの原稿を書いて、あちこちの雑誌に売り込みに行ったが、どこの雑誌にも断わられた。やむを得ず再び『大衆文芸』誌に載せてもらった。ああいう同人雑誌を多忙をきわめる『文藝春秋』の編集長がいちいち目を通すとはとても信じられないが、その文章がすぐ池島さんの目にとまり、池島さんは私に「私の韓非子」を注文した。もともと私は韓非を中国の思想家の中で最も近代的な法思想の持主だと思っていたし、いっぺん、そのことを書こうと考えていたので、すぐに承知したが、その際に池島さんは、

「邱さんは編集者のことを怒っていますね」

といった。

「そうでしょうかね?」私は生半可な返事をしたが、池島さんはずいぶんいろんな角度から文章を読む人だな、と感心した。「私の論語」の中で、私は諸国の王侯たちから容れられない孔子を原稿の売れない小説家にたとえて書いたが、池島さんはこのたとえのなかに、私の怒りを感じとったのである。「私の韓非子」は三十枚ほどの短い文章で、『文藝春秋』に載ったが、私はそれを百枚の原稿に書きなおして、日本読書新聞に連載した。つづけて「私の荘子」百枚を書いて、講談社から一冊の単行本とし

て出版した。「私の荘子」をどこの雑誌にも売り込みに行かなかったのは、荘子その人が自分の売り込みに行かなかったばかりでなく、宰相になってもらいたいと頼みにきた王侯たちに門前払いをくらわせた気骨の士だったことにならったからである。

その後、私は『文藝春秋』や『オール讀物』や『文学界』など文藝春秋社の雑誌から次第に遠のき、中央公論社発行の雑誌で執筆するように変ったが、個人的には池島信平さんと相変らず往き来をし、しばしば私の家にも食事にきていただいた。そういう関係があったので、池島信平雑誌記者二十五周年の記念パーティにもご招待を受けた。行ってみると、盛大な会ではあったが、私より年齢的にひとまわり以上も上の著名な作家や社長たちばかりで、私と同年輩の作家たちは一人も見えていなかった。やはり私は特別扱いだったのだな、とそのとき、はじめてわかった。

私は間もなくサンケイ新聞で、総合雑誌の月評を受け持つようになった。『世界』『中央公論』『文藝春秋』などの総合雑誌を丹念に読んで、掲載された論文の内容にまで立ち入ってあれこれ揚げつらうのはしんどい作業であったが、これも勉強と思って、引き受けた。念のため他の月評子の文章を過去にさかのぼって読んでみたところ、無いものねだりの理想論が多いのに一驚した。私は実際家だから、雑誌の出来不出来を内容を見ただけではきめない。もし自分が編集長だったら、どんなテーマをとりあげただろうかと想定しながら、内容を検討する。どうしてかというと、編集長は所詮、呼出太郎で、呼び出した執筆者がお客を満足させてくれるような、見事な相撲をとるかどうかは、また別の問題だからである。そういう角度から雑誌の目次を眺めると、池島編集長は、毎号、必らず四本の柱になるテーマをとりあげており、私が今月の問題としてそれはポイントをついているかどうか、改めて検討してみると、実にドンピシャリなのである。これにはさすがの私もシャッポーをぬいで、

「こういうのを大編集者というんだな」

と改めて脱帽敬礼したものである。

さて、これからまたしばらくたって、私が『文藝春秋』に「頭に毛が生えた話」という文章を書いたことがあった。頭髪が次第に淋しくなることについては、池島さんも私も同じ立場であったが、もうその頃には池島さんは頭上にタダの一本もないようになっていたのに対し、私はまだまったく絶望的というところまではいっていなかった。たまたま九州で獣医をやっていた人がブルガリヤ菌に似た酵母菌からとった酵素を防腐剤として食品に添加して効果をあげており、その売り込みのために手を貸してもらえないか、と軽井沢の別荘に滞在していた私のところへ訪ねてきた。その酵素は、ヤケドにも効くし、水虫にも効くと本人がいうので、小学校に行っていたうちの次男

が「ハゲにも効きますか？」ときいた。「効きますよ」といわれて、「じゃ、うちのパパが気にしているから、パパに持ってきてあげて」と親孝行な息子が注文をした。やがてその液体が送られてきて、私が半信半疑で使ってみたところ、約一ヵ月後に初毛がギッシリ生えてきた。これには私が驚喜し、本当に毛が生えたら、どれだけ人助けになるかわからない。それにハゲのクスリを発見したら、世界的な大金持ちになるぞと思っていたので、その経過を『文藝春秋』に書いたのである。驚くほどの反響があって、私の家には郵便屋さんがダンボール箱で何杯もの手紙を運びこんできた。いずれもそのクスリを下さいという切々たる訴えの手紙ばかりであった。

しかし、初毛までは生えたが、私の頭が実証しているように、初毛は遂に黒い髪まで成長することなく、私の頭もあえなく不毛の地に戻ってしまった。私は私なりになぜそうなったかを追求し、ガンとハゲと水虫は、一連の同じ系統の病気であり、もし細胞の新陳代謝を正常にさせる酵素を突きとめることができたら、問題は一挙に解決すると私なりの結論を出した。そういう私の旺盛な研究心も池島さんの目には甲斐なき羽搏きと映ったらしく、

「邱さんほどの合理主義者が、頭に毛を生やそうと考えるんだからな。ハゲた頭に毛が生えるわけはないよ」

私を知っている限りの人に、一人残らず同じことをくりかえし、喋ったそうである。

〝日本料理は滅亡する〟

私の家の食事に邱飯店という名前をつけたのは、池島信平さんであるが、邱飯店の常連として最も古株で、いまなおひいきにしていただいているのは、中央公論社社長嶋中鵬二さんのご夫妻である。嶋中さんご夫妻がいつ私の家に来られたか、記録を見ると、昭和三十二年七月十日になっている。この日付を見て思い出すのは、私が自分でノコノコと、京橋にできたばかりの中央公論ビルに、原稿の売り込みに行ったときのことである。

前年の一月に、私は直木賞をもらったが、私の名前が中国人名前であり、書くことも、香港のことだとか、台湾のことだとか、外国のことばかりであったから、日本的義理人情にしか興味を示さなかったジャーナリストたちに等閑視され、原稿の注文がさっぱりこなかった。私はピンチを打開するためには、日本および日本人と関係のあるテーマを考え、自分で雑誌社に売り込みに行かなければ駄目だと思った。わざわざ中央公論社を選んだのは、『中央公論』がインテリを相手とした雑誌であり、且つ社長が私とほぼ同年代の人で、ひょっとしたら話をきいてもらえるのではないかと期待したからであった。

嶋中さんとはこのときが初対面だった。いきなり予告もなしに訪ねて行ったのだが、秘書に名刺を出すと、すぐに応接室にとおされ、やがて現われた嶋中さんは、

「あなたは『文藝春秋』の出した方だから、遠慮をしていましたが、おいでいただいて有難うございました。早速ですが、『中央公論』の本誌に三十枚くらいの原稿を書いて下さいませんか」

とすぐその場で注文をくれた。私は、

「それはたいへん有難いお話ですが、今日、お伺いしたのは、三十枚の原稿を書かせてもらうためではなくて、実は〝サムライ日本〟という連載を書かせてもらえないかと思って伺ったのです」

と、当時、人気のあったラジオ番組に擬して、〝日本人二十の扉〟とでもいうか、外国人が日本人についてわからないことがあったら、この二十章を読めば、大体わかるという、日本人論の構想について説明をした。一回が十五枚くらいのエッセイで、二十回書いて一冊の本にしたいのだと私はつけ加えた。

「わかりました。連載だと部内の調整をしなければなりませんので、三日ほど待ってくれませんか」

内心、なんと厚かましいやつだと思ったのではないかと思うが、嶋中さんは、表情には現わさず、ニコニコしながら私を送り出した。しかし、翌々日には、私のところへ電話をくれて、連載は次号からやりましょう、といってくれた。私は「花は桜木」という第一回分の原稿を書いて、中央公論社に届けに行った。

そうしたら、その原稿がまだ雑誌に載らないうちに、台湾で国民党の軍隊がアメリカ大使館を襲うというレイノルズ事件が起った。新聞の報道だけでは、何のことだか、日本人にはさっぱりわからない。それというのも、戦後の台湾には蒋介石に従って大陸から渡ってきた約二百万人の外省人と呼ばれる人たちと、以前から台湾に在住する約八百万人の本省人がいて、両者の間に確執があり、その間の事情が少しも説明されていなかったからである。嶋中さんは、私に電話をくれて、大至急、レイノルズ事件をめぐる台湾の情勢について論文を書いてくれないかと依頼してきた。私は承知して、二晩がかりで原稿を書きあげた。これが「台湾人を忘れるな」というタイトルで三十二年七月号の『中央公論』の巻頭に掲載された。

ジャーナリズムの盲点をついたせいか、この論文は各新聞の批評にいっせいにとりあげられて、すっかり私を有名にしてくれた。

「サムライ日本」の連載は、次の号からはじまったが、私の論文が評判になったら、翌月からすぐに連載をやらせるようになった、さすが嶋中さんは商売人だという人があった。しかし、真相は連載の方が先にきまっていて、巻頭論文の方が臨時に割り込んだのである。ただ「サムライ日本」は、最初に躓きを見せたせいか、六ヵ月も連載すると、編集長が竹森清氏にかわり、新しい編集長は、スプートニックの宇宙打ち上げという画期的な事件の直後だったので、それを記念する意味もあって、「西遊記」の連載を私に依頼した。

「西遊記」は中国の四大奇書の一つであるが、日本では、孫悟空の天界荒らしの場面だけがよく知られ、子供の読物になっている。四百年も前に書かれたものとしては、確かに自由奔放な空想小説であるが、本文は意外に単調な構成であり、全篇をつらぬく思想も仏教の勧善懲悪の思想だから、原作に忠実な書き方ではとてももたないと私は思った。そこで、現代を諷刺するモダン「西遊記」に仕立てることにし、藤城清治さんに影絵をお願いして連載をはじめた。堅い文章のぎっしり詰った『中央公論』の中で、ホッと息のつける読物になったせいか、吉川英治先生からも中山伊知郎先生からも「愛読していますよ」と言葉をかけられた。おかげで、連載五年四ヵ月、枚数にして二千五百六十枚という『中央公論』はじまって以来の大長篇になってしまった。挿絵をかいた藤城さんは、当時、まだ駈け出しであったが、この挿絵をかいているうちに、すっかり有名になり、木馬座という影絵芝居の劇団も主催するようになった。また私の「西遊記」は全八巻の大型本で出版されたが、いまも中公文庫に挿絵入りで収録されている。おかげで、私は『中央公論』の常連執筆陣の一人に加えられ、嶋中さんとは家族ぐるみの交際をするようになり、嶋中さんも邱飯店の常連の一人となった。

しかし、「サムライ日本」はわずか六ヵ月の連載でお払い箱になり、浪々の浪人生活を約一年送った末に、『茶の間』という雑誌に拾われて、そこで再連載することになった。ところが『茶の間』もやがて経営困難におちいって廃刊することになったので、この連載も十ヵ月しかつづかなかった。よくよく不運なサムライだが、もうこの上は再仕官はしまいと決心し、残る四章は書き足して、中央公論社から単行本として出版した。このときに、装幀をしていただいたのが北海道から出てきたばかりのおおば比呂司さんで、おおばさんの感激はひとしおらしく、表紙に描いた写楽風のサムライをわざわざ色紙にもう一枚描いて私に贈ってくれた。いまでも、その色紙は私の手元に残っている。

嶋中さんが私の家に、『中央公論』の編集者ともども見えたのは、「台湾人を忘れるな」の翌月、即ち「サムライ日本」の第一回連載が『中央公論』に載った当日である。中央公論社は、深沢七郎とか庄司薫とかいった立派な作家も世に送り出しているが、それ以上に社員の中から作家たちを輩出させている。当日のメニューにはのちに直木賞をもらった綱淵謙錠氏の名前も見えているし、その次の十月十八日には、女性ではじめて『婦人公論』の編集長になった三枝佐枝子さん、いま鉄道旅行のルポ作家として活躍をしている宮脇俊三さんの名前もある。私の原稿の担当をしてくれた人たちが編集局長になったり、有名作家になったりしたのだから、気がついたら、こちらもいい加減な年齢になってしまっていたとしても不思議ではない。

中央公論社とは、その後、ぷっつりと仕事の関係が途絶え、約十五年間もブランクの時期があったが、嶋中さんとはずっと個人的には往き来があって、私にとっては終始、よきアドバイザーであった。私にお金の話を最初に書かせたのも嶋中さんだし、私に「日本料理は滅亡する」という文章を書かせたのも嶋中さんであった。私の家で食事をしているおりに、私が「日本料理は高すぎて、お金はあるが食欲のあまりないお年寄りと、外国からの観光客の食べるものになってしまった」と話したことがヒントになったのであろう。おかげで私は金田中をはじめ、一流料理屋のオヤジさんたちから総スカンを食わされるような目にあった。

宰相御曹司、舌鼓を打つ

『婦人公論』の編集長を兼任していた嶋中鵬二さんが、私に「日本料理は滅亡する」を書かせたのは、多分、私が中華料理に詳しく、中華料理の立場から日本料理を批判させたら、面白いものができあがると思ったからであろう。私は本当は日本料理が大好きで、殊に年輪を重ねるに従って、他人からご馳走になるときは、「日本料理にして下さいね」とわざわざ注文するほどになったが、料亭で食べる日本料理の値段の高いことにはかねてから不満をもっていた。そこで、「私から見ると、日本料理には二つの特長がある。まず、美しい器にホンの少しずつ料理が出てくるので、オルドーブルかと思って食べていると、つぎにも、そのまたつぎにもオルドーブルが出てくる。いったい、いつになったら、メイン・ディッシュになるのだろうかと思っているうちに、終ってしまうというのが一つ。もう一つは、庭の見える立派な座敷に通されて、上等の座蒲団に坐らされるのはいいが、メニューに値段が書かれていないので、最後の最後までお勘定がいくらになるのか、皆目わからない。日本座敷は落着くというが、私のような貧乏性では、たとえ他人に払ってもらう場合でも、おちおち坐っておられない」「日本人の平均的な収入に比して、日本料理があまりにも高くなりすぎたので、お年寄りと外人観光客だけが日本料理を食べ、一般の日本人はカレーライスやラーメンを食べるようになったから、このままの状態がつづけば、日本料理は日本人に見捨てられてしまうだろう」と書いたのである。

私はこの一文に「日本人に見捨てられた日本料理」という題をつけて渡したが、『婦人公論』の発行日に、新聞を見ると、「日本料理は滅亡する　邱永漢」と大きな活字で広告が出ていた。これには私の方が度胆を抜かれたが、しばらくして森田たまさんに会うと、「金田中のご主人が邱永漢さんがわかったようなことをいっているけれど、けしからん奴だと、文句をいっていましたよ」と笑いながらいった。控え目ない方であったが、その口ぶりから私は日本料理屋のおやじさんたちにとっては、内心おだやかならざるものがあるだろうな、と推察した。

この話にはまだ後日譚がある。それから二十何年たって、うちの長女がお嫁に行くことになった。娘が選びに選んだ相手が、どういうわけか日本料理屋の若旦那であった。披露宴がホテル・オークラでひらかれ、当日は、新郎側のお客として、金田中、浜作、竹葉亭をはじめ、東京中の一流の日本料理屋の旦那衆が一堂に会した。料理は中華料理でも、日本料理でもなく、西洋料理であったのが、参列者にはなんとも不可解だったらしいが、私の方も花婿側に負けないくらい口のうるさいのがそろっていたから、コック長の小野正吉さんは肩の荷が重かったのではないかと思う。しかし、さすがに神経の行き届いた料理で、平安の間いっぱいのお客でも、スープは熱いのがいっせいに出てきたし、スモーク・サーモンも牛肉もとびっきりいい材料が使ってあった。席上、テーブル・スピーチも、川口松太郎、糸川英夫、安岡章太郎と面白いのがつづいたが、そのあとで、新郎側のゲストとして日本料理屋のご主人が立ちあがって、

「邱永漢センセイは、今から二十年前に、日本料理は滅亡するとお書きになりましたが、たった一人のお嬢さんを日本料理屋にお嫁にやる気になったのは、何か心境の変化でもきたしたのでしょうか。それとも日本料理がこれから栄えるようになると、判断を変えたからでしょうか」

と挨拶をした。私はすぐにも立って弁明をしたかったのだが、いかんせん、花嫁の父をつとめていては、ジッとこらえるよりほかない。それにしても、二十年も前に書いた文章をよく記憶しているものだな、と改めて感心した。結婚式の翌日、家へ挨拶にきたうちのお婿さんは、

「センセーが日本料理は滅亡するとおっしゃったのは本当のことだったのですよ」

お婿さんになっても、昔の呼び方が改められずに、センセーといったのが私にはおかしかったが、彼の説明によると、「二十年前、浜町河岸には三十何軒も日本料亭があったが、今はうち一軒しか残っていないのを見てもわかります」

料亭をひいきにする人たちは、私が観察していた通り、お年寄りばかりで、お年寄りは歳と共に死んでいくから、料亭そのものもさびれていく。赤坂で料亭ばかり並んでいた通りにしても、一軒また一軒と廃業して、今ではすっかりバーやクラブの立ち並ぶ歓楽街に変貌してしまった。たまに昔の名前が残っている店に入ってみると、カウンター式になっていて、昔とは趣きを異にしている。やはり時代の移り変りには勝てないのであろう。

話は前後するが、『あまカラ』誌の常連執筆者の中には、福島慶子さんとか、戸塚文子さんとか、吉田健一さんとかいった人たちがいた。いずれも我が家の料理を食べてもらったことがあるが、なかでも吉田健一さんは当時の総理大臣吉田茂氏の長男で、総理の長男といえば、親父の七光で利権と関係のある地位に陣取って羽振りのよい生活でもしていそうに思えるが、健一さんは親父さんとは折合いが悪く、吉田学校の優等生たちともいっさいつきあいがなく、確かどこかの大学の英文学の先生をやって身過ぎ世過ぎをしていた。英国仕込みの紳士だし、英語もよくできたから、おそらく教師をしてもらう収入よりは、翻訳や評論を書いて得た収入で生計を立てていたのであろう。

『文藝春秋』が、そうした妥協しない生活態度に目をつけ、吉田さんのエッセイ集に「宰相御曹司窮乏す」というタイトルをつけて、盛んに売っていた。おそらくご本人はこのタイトルに苦笑を禁じえなかったであろうが、ジャーナリズムの要求をはねかえすよりは、その中に自虐的なユーモアを感じたのではあるまいか。いつも文藝春秋社のバーで飲んでいて、片時も手からウイスキーのグラスを離さなかった。話をするときも、いまに相手がおかしなことをいうだろうと待ち構えていて、まだ何もいわないうちから、笑い出してしまうようなポーズをとっていた。あんなに酒を飲んでは、ものの味がわからなくなってしまうのではないかと私は心配したが、吉田さんは、『舌鼓ところどころ』とか『私の食物誌』といった食べ物の本をつぎからつぎへと書き、のちに丸谷才一さんから戦後の食べ物に関する三大名著の一つに数えられている。『檀流クッキング』で、同じく名著にあげられた檀一雄さんも、大酒飲みだったが、日本料理は本来「酒の肴」というところから出発しているから、酒飲みが肴の話をするのは自然にかなった道理だとも思う。

その吉田健一さんご夫妻が私の家へ来られたのは昭和三十二年十月三日で、当夜のお客は、池島信平ご夫妻、今日出海ご夫妻、小林秀雄、丹下キヨ子、それに創元社社長の小林茂さんであった。小林秀雄さんを誘ったのは小林茂さんであり、当時、創元社では私の書いた『東洋の思想家たち』を出版するかどうか、きめかねていたが、小林秀雄さんが反対して流れた、とあとできいた。小林秀雄さんは、「孔子や荘子のような何千年もの淘汰に耐えてきた古典を、邱さんのような青二才にそう簡単に料理されてたまるか」といい、のちに私が株や金儲けの話を書いて話題になると、「あれはニセモノだと思っていたが、やっぱりそうだろう」とご自分の先見の明を誇られたそうである。

小林秀雄さんのような生き方をしてきた人にとって、経済と文学が両立できるということは到底、理解をこえることだったのであろう。私の『東洋の思想家たち』は講談社から出版されて、その後たびたび版を重ねてきたが、最近も日本経済新聞社から新版が出ている。その中に出てくる孔子や荘子や韓非子に対する私の解釈は、二十何年たった今日、読みかえしても、それほど訂正を要するとは思えない。こうなると、学問のレベルの問題ではなくて、人生に対する流儀の違いだから、どちらが正しいといい争っても仕方がないであろう。

獅子文六の「バナナ」

ある日、読売新聞文化部長の赤沢正二さんから、「獅子文六さんがお宅に食事に伺いたいといっておりますが……」と電話がかかった。

私が知っている獅子文六先生といえば、戦時中、岩田豊雄という本名で、「胡椒息子」というユーモア小説を書いていた頃からであるが、私が東京へきて小説家を志す頃には、「自由学校」「大番」とつぎつぎに大ヒット小説を書き、吉川英治先生と並んで日本国中の人気を二分しておられた。すべて人気作家は、その時代の風潮に敏感で、うまく人の心をとらえる才能をもった人たちであるが、文六先生の場合は、暗い世相の中で、明るさとユーモアを求めていた人々の心に投じたのであろう。

有名作家になると、一種のスターであるから、あることないこと、噂を立てられて、いやでもこちらの耳に伝わってくる。獅子文六にまつわる噂の中で最も真実味を帯びているのは、稀代のケチということであった。新聞記者や雑誌記者が原稿をとりに行っても、お酒を出すどころか、コーヒー一杯出てきたためしがない。もちろん、中元、お歳暮のプレゼントなんてくれたことがない。あるとき、珍しく紙に包んで「これ、君にやるよ」といわれたので、記者が家へ帰ってあけてみたら、自分の使い古したワイシャツを洗濯したものであった。「どうも昔の殿様が、ご下賜品を賜わるような感覚らしいですよ」と、別の記者が面白おかしく私に話をしてきかせてくれた。またある記者は、「獅子文六さんは、どこかの新聞社で連載を書いていると、原稿料だけでなく、生活費もその新聞社が全部、丸抱えで払うものと心得ているらしいよ。ゴルフの道具を買ったときも、新聞社にツケておけ、といって、担当者が弱ったそうですよ」。それに対して別の記者は、「文六さんは一つの小説を書いていると、全力投球をして、他の仕事はいっさいやらないから、そのあいだの生活を保証してもらって当り前と考えているのですよ。フランス仕込みの合理主義者ですからね」。これなどは例外的に好意的な意見といってよいだろう。フランス仕込みには違いないが、フランス仕込みは、永井荷風先生を見てもわかるように、ケチというのが特長である。合理的とケチは紙一重で、日本人はたいていそれをケチと受け取るから、獅子文六がケチと思われてもやむをえないだろう。

その文六先生が私の家へ来る気を起したのは、読売新聞で「バナナ」という華僑をモデルにした小説を連載しはじめたからであった。昭和三十四年といえば、日本が高度成長経済に突入してから既に四年目、セカセカと金のために皆が駆けまわるようになった頃で、金儲けにかけては大先輩であり、金を持てば、どういう生活をすべきか、悠々迫らない生活の仕方をしている華僑を主人公に選ぶことによって、文六先生はおそらくワサビのきいた諷刺小説を書こうと思ったのであろう。華僑の連中は、金を儲けることにかけては抜目がないが、同時に、エピキューリアンのところがあって、金を持つと、美食に耽る。文六先生は、この点に関しては、共感をもっていたらしく、『あまカラ』誌にもときどき食べ物のエッセイを書いていたし、横浜の中華街の裏通りにある海員閣のような穴場にも行くときいていた。ケチと食べ物にお金を惜しまないところは、フランス人と中国人に共通点があるから、文六先生にはよく理解できたのであろう。だから、主人公の華僑は、金持ちで、度量が大きく、且つ美食家と三拍子揃っていなければならない。その中の美食という一点については、おそらく連載をしている読売新聞文化部の連中が、「邱さんのところへ行くに限る」とすすめたのであろう。読売新聞の文化部の人の中には檀一雄さんに連れられて私の家へ来た人もあるが、来ていない連中でも、檀さんからかなり洗脳を受けていたと思う。

ちょうど半年くらい前に、私は多摩川べりの家から東横線の都立大学駅前の平町にある新居に引越したばかりであった。今度の家も、敷地はわずか七十五坪しかなかったが、鉄筋三階建のモダンな建物で、外から入ると、一階にガレージと玄関があり、狭い玄関を入って階段をあがると、応接間と食堂になっている。安岡章太郎にいわせると「軍艦のような」家だそうであるが、まだ建てて一年ほどの新しいのを私は、自動車修理工場をやっている社長さんから買った。その社長さんは、修理工場が区画整理にひっかかってどこかに引越しをしなければならなくなったが、新築したばかりの自宅と競馬うま六頭の中のどちらかを手離さなければならなかったときに、自宅の方を処分したのであった。

東京へ移り住んで、一時、貧乏生活を強いられた私たちであったが、この二年間にせっせと貯金をしたので、古い家を処分したお金と、不足分は月一パーセントの利息を払って友人から二百万円融資してもらい、やっとこの家を手に入れることができた。前住者にとっては必らずしもいい家ではなかったが、この家は私にとってはゲンのいい家だった。引越してから半年もしないうちに、私は借りた金をかえせるだけの貯金ができたが、友達がすぐかえさなくてもよいというので、そのお金を使って生まれてはじめて株式投資をやった。それがきっかけになって、私は株式投資の大先生（?）になり、また株でもうけた金でビルを建てるようになった。

しかし、文六先生のお見えになった三十四年三月二十六日の頃は私はまだ株の大先生でもなかったし、何十軒もビルをもつような大金持ちでもなかったから、もちろん、「バナナ」の主人公のモデルになれるような立場にはなかった。その晩は、読売新聞のほか、「バナナ」の単行本を出版することになっていた中央公論社の人たちにも同席してもらったが、食事の内容だけは、「バナナ」の主人公が中華料理店に注文するメニューよりもずっとよかったのではないかと思う。「バナナ」の中に出てくるメニューはどこかの料理屋のメニューを引き写したものだと思うが、日本で熊掌の料理はたとえ冷凍ものでもまず口に入らなかっただろうし、料理の出し方も、前後がおかしくなっているからである。

「バナナ」は残念ながら、不発に終ってしまった。この一文を書くために、二十何年前、文六先生から贈呈された『バナナ』の単行本を読んでみたが（正直のところ、今度、はじめて読んだ）、やはり不発に終る理由があるなあ、と思った。文六先生が何を狙ったか、その意図は私に理解できるが、日本的義理人情と異質のことを描いても、日本人はあまり興味を示さないし、まして華僑のボスなど第三国人と思っているから、生きる参考になるとは考えてもみない。また、日本人の妻をもらった台湾人の家庭生活や、華僑同士の葛藤については、予備知識に欠けているから、どうしても外から撫でただけで終ってしまう。文六先生の筆力をもってしても、二国間にまたがるカルチャー・ショックを見事に浮彫りにすることは至難の業に属するのである。とりわけ、一口に中国人といっても、広東人と台湾人と浙江省の人とでは、風俗習慣も違うし、料理も違うし、言葉だってまるで通じない。「バナナ」の主人公は、広東をオリジンとする台湾人ということになっているが、台湾でいう広東人は、広東省に住む客家人のことで、横浜中華街の広東人とは、言葉はもとより、人種だって同じではない。文六先生はあとでそのことに気づいたらしく、あとがきの中で、「私は中国語をまるで知らず、万事、友人から教えて貰ったのだが、作中の呉一家は、台湾出身であるから、本来なら、その地の言葉に従うべきであるが、私は日本で普及している北京読みの方を採った。（中略）結局、私は、大先輩近松門左衛門が〝国姓爺〟を書いた例に倣うことにした。台湾の人や、中国語をよく知っている人には、滑稽であろうが、私には、北京語も、広東語も、台湾語も、問題でなく、ワンタン、シューマイ的中国語で、事足りているのである」と書いている。ちょっと居直った感じがしないでもないが、相当手をやいた形跡が随所に残っている。

市村清と今東光のコンビ

リコーの創業者社長市村清さんと知り合いになったのは、私が株について書く少し前だから、昭和三十三年頃のことではなかったかと思う。市村さんの奥さんの実弟に菅野勝麿さんという人がいて、どういうわけだか私のファンで、私の書いたものは小説からエッセイ、巻頭論文に至るまで全部読んでいた。この人が「三愛」という社内報を担当していたので、雑誌の対談に出席してほしいということで、私を自分の義兄に引きあわせたのが、私と市村さんとの初対面だった。

当時のリコーは、まだ理研光学という社名の、あまりパッとしないカメラ・メーカーで、大田区の馬込に木造の社屋があった。株式は既に上場していたが、株価は額面すれすれの五十一、二円であり、市村さん自身も、ジャーナリズムからスポットをあてつづけられた後年と違って、まだ無名の経営者であった。リコーの社長室は銀座の伊東屋の隣りにあって、同じく市村さんの経営している三愛石油と同居していた。ビルのショー・ウィンドに、ＬＰＧの宣伝文句が書いてあって、ＬＰＧとは何だろうと首をかしげながら覗き込んだ記憶がある。

　市村さんは、「日本商品は安かろう悪かろうで、しかもそれを外国へ売りに行く日本人同士の間で、お互いに相手を出し抜いて安売り競争を展開している、こんな情けないことはない」と、シリアでトヨタとニッサンが値引き合戦をやっていることを例にあげて、しきりに嘆いていた。私は、この常識的な見解（当時の実業人は、だいたい、そういう具合な受けとり方をしていた）に異議を唱え、「一流品がいいことはわかっているが、世界には一流品の買えない国民もたくさんいるから、安かろう悪かろうの商品でも、ちゃんとしたマーケットをもっています。トヨタとニッサンでお互いに相手の裏をかくような値引き競争をしているというが、それでもまだ儲かっているから値引きをするのでしょう。競争しながら、品質をよくしていけば、心配なことはありませんよ」といったら、市村さんは目をパチクリしていた。このあと、リコピーの成功でスターダムにおどり出た市村さんは、よく経営雑誌などに登場するようになり、また単行本なども出版されるようになったが、『儲かる経営・儲ける経営』という市村さんの本を見ると、私のことが出てきて、邱永漢さんは短い原稿を頼まれると、雑誌社に「いつもショート・タイムばかりでなくて、たまにはオール・ナイトにして下さいよ」と冗談をいう。短い原稿では原稿料も少いからいやだ、という代わりに、こういういい方をすれば、相手に不愉快な感じをあたえない、うまいいい方をする人だ、といった意味のことが書いてあった。私自身、いつそんなことを喋ったか覚えていないが、よほど市村さんの印象に残ったのであろう。

市村さんは、私より二廻りも上の同じネズミ年で、育った時代も環境もまるで違うが、どういうわけだか、私とたいへん気が合い、どんなに忙しいときでも私が会いに行くと、必らず時間をあけてくれたし、私に会うと、何でも私に相談をもちかけた。何しろスーパー・ワンマンだから、重役たちは社長のやることに意見をさしはさむことができず、「邱センセイ、うちの社長にいって下さいよ」と逆に私の方が頼まれることも再三ならずあった。しかし、親しくなった分だけ、市村さんの欠点も目についたので、私は手放しで市村さんを礼讃する気にならず、「うちの会社で近くリコピーを売り出しますから、株価があがりますよ」「こんど中央研究所ができて、落成式に池田総理も見えますよ」といわれたときも、「あ、そうですか」と生返事をしただけで、格別、心を動かされなかったし、株を買おうという気も起さなかった。うちの女房にいわせると、「あなたは親しい人を過小評価する傾向がある」そうであるが、確かに市村さんが生きている間は、「市村さんはせっかちで、目先のきく人だから、流通業には向いているが、じっくり腰を落着けてやる工業には向いていない」とご本人に面と向っていったこともあるし、そのことを理研光学のPR用の単行本をつくる座談会の席上でも喋った。もちろん、お金をもらってつくるPR本に、私の発言は載らなかったが、私は「市村さんは、上から一円入れたら、下から二円出てくる自動販売機をつくるのに適したセッカチな人です」といったのである。しかし、市村さんが亡くなったあとで考えてみると、「市村さんは稀に見る個性豊かなアイデアマンで、そのセッカチな性格のゆえに、失敗もしたが、時代の要求に即した商品を誕生させることができたたいへん魅力的な人」であった。今日のリコーの社運の隆盛は、創業者の精神に負うところが大だと私は思っている。

その市村さんが私の平町の家に見えたのは昭和三十五年九月十三日で、同席したのは、今東光、五島昇、山口淑子、丸三証券社長長尾貫一、それに菅野勝磨、赤坂の料亭龍村の女将さんであった。

今東光さんは、文壇歴は私と比較にならないほど古いが、ご承知のように菊池寛と大喧嘩をしてほされ、河内の片田舎で住職をやっていた。売れない小説を書いて、雑誌社に持ち込むと、「またあの坊主が」と記者たちがぼやいていたのをきいたことがあるが、「お吟さま」が吉川英治氏の推輓で直木賞になると、眠れる獅子が突如目を醒まして吼えはじめたように、獅子奮迅の大活躍をはじめた。坊さんだから、世俗の欲望はいっさい断ち切っているのかと思ったら、さにあらず。五欲皆健全という生臭坊主で、物欲だけはさすがに財布の紐を奥さんにガッチリ握られていて思うままにならないが、色欲、名誉欲、食欲いずれも人並みはずれていて、坊さんだけに、足りないお金を喜捨に仰ぐのもいたって平気であった。今さんを市村さんにはじめて紹介したのは私だったように思うが、金持ちにお布施をもらうのは、仏教の教えに反することではないから、市村さんは結構がめられたときいている。

しかし、今東光和尚には、八方破れのところがあり、それがまた魅力になって、世間を沸かせる原動力となった。ちょうど日米安保条約の改正をめぐって反対運動が起り、六月だったと思うが、アメリカ大統領新聞係秘書ハガチーの来日をデモ隊が羽田で包囲するという騒動が起った。その夜、偶然にも私と今さんが富山で講演をする予定になっており、日米関係の先行きを心配した聴衆が詰めかけて、新しく落成したばかりの公会堂が超満員になった。今さんは、何千人という聴衆を前にして何の話をするのかと思ったら、いきなり、「邱永漢の首には蔣介石の懸賞金がかかっている。君たちのなかに、首に懸賞金のかかったやつが一人でもおるか」といった話からはじめた。

これには出番を待っていた私の方がびっくりした。当時「台湾は独立して別の国になった方がいい」と主張していた私が、国民政府からお尋ね者になっていたことは事実であるが、今夜の安保騒動とは関係のあることではない。しかし、今さんは私が首を狙われるほどの愛国者であることを強調することによって、つぎに出てくる講師の私に皆の注意を向けさせようという意図だったような気もする。つぎに立った私は日本の経済が高度成長に入ってきたのはアメリカのおかげだから、自分たちの米櫃をフットボールのように蹴って遊ぶのはやめた方がよいという意味の話をした。

それから十何年たって私が国民政府に迎えられて台湾へ帰ると、今さんは人にことづけて台湾にいる私のところへ、「君が台湾に行ったと知って、首がつながっている奇蹟に驚いています。そのうち僕も君の首の工合を見に行きたいと思っています」とわざわざ手紙を届けてくれた。そういう痛快さと人情のある悪僧であった。また山口淑子さんはのちに参議院議員になったが、当時は年下の若い外交官と結婚したばかりで、私とはラジオの対談で知り合いになって間もなくのことであった。市村さんと同郷だったので、錦上花を添える意味でおいでいただいたと記憶している。

栗田春生の痛快な人生

　昭和三十四、五年頃から、私は株式投資に関心をもちはじめ、それまで小説や評論を書いていたのを方向転換させて、突如、株式評論に筆を染めるようになった。高度成長がはじまり、日本人がこれまでになく経済に注目するようになる以上、文士の中で一人くらいお金のことがわかる人がいてもいいのではないか、と思ったのである。

私の株式投資は、私自身がまったくのシロウトであったせいもあって、その筋のクロウトから見たら、ハッと驚くようなものであった。当時の株屋さん（まだ証券会社というコトバがそれほど一般に馴染まない時代であった）は、お客に株をすすめるのに、日立、東芝、八幡、富士鉄のような超一流の資産株をすすめることが多かった。

私はこういう考え方に反撥して、「未来の横綱を買うのが株式投資で、番付通りにひいきにするのは間違いだ」と主張し、当時、まだ第二部市場もできていなかったが、青空市場といわれた店頭株の中から、これはと思う出世株を選び出して週刊誌で推奨をした。千代田化工、佐藤工業、日本ハム（当時は徳島ハムといった）、樫山、ミツミ電機、ナショナル金銭登録機、パイオニア、リコー（これは既に上場していたが、額面すれすれの株価だった）などは、のちに誰でも知っている一流企業になったが、当時はまったくの無名株だった。私がこれらの株を推奨すると、最初は頭をかしげる人が多かったが、なるほどこれはリクツだと納得して株を買う人もあるようになったので、私の推奨株は毎週のようにストップ高を演じ、私はたちまち「株の神様」（？）ということになり、証券会社に誘われて全国を講演してまわるようになった。

株価が私のいうことをきいたのは、日本経済が成長期にあり、パイ全体が大きくなる時期だったからであった。私は成長株理論にのって、「次の成長株は何か」ということに興味を集中し、ついには病がこうじてまだ店頭株市場にも顔を出していないような新興企業にまで頭を突っ込むようになった。そのなかには、立石電機とか日清食品とかダイエーとかいったものがあるが、栗田工業もそのなかに数えられる。

私は工場が発展したら、川が汚れるから水処理は大きな産業になるだろうと予測していた。水処理の企業としては、既に「オルガノ」が店頭株に出ており、第二部市場の成立とともに二部銘柄として、クロウト筋の注目を浴びていた。ほかに荏原インフィルコと栗田工業が業界をほぼ三分していることを私はきいていたが、あるとき、株式新聞を見ると、店頭株欄に、栗田工業が四百六十円という値段で出ていた。私は早速、その株を買い求め、大阪へ講演に行ったついでに、栗田工業に電話をして、工場を見せてもらえないかときいてみた。どうぞおいで下さいといわれて、梅田駅の裏のスケートリンクの近くにある本社に出かけていくと、常務をやっていた野崎貞雄さんが出てきて、

「工場といっても、水処理ですから、それぞれの依頼者の水をもらってきて分析をする実験室しかないんですよ」

なるほど三階建の建物の中には、これといった機械設備など見当らなかった。私は、私が栗田工業の株を持っていることを告げると、野崎常務はいくらで買ったかときく。四百六十円だというと、野崎さんは私に両手をあわせ、

「センセイ。うちの株は一株につき二百円の値打ちしかありません。センセイのような人に四百六十円の株を持たれると、その精神的負担に耐えられませんから、どうか売ってしまって下さい」

もちろん、冗談半分の話にきまっているが、東京へ帰ると、一週間のうちに五百六十円にはねあがっていたので、私は百円とって全部売りとばしてしまった。

私が「栗田工業」の創業者である栗田春生さんと会ったのはその直後である。戦後

の灰の中から事業をおこして大をなした人々に私は数多く会ってきたが、栗田さんのような、痛快な、私利私欲のない人にはかつて会ったことがない。初対面のときに、「栗田工業はどのくらいの大きさになると思っていますか？」と私がきいたら、即座に「いつ八幡を追い越そうかと思っているところですよ」という答えがかえってきた。

栗田さんは海軍機関大尉で終戦を迎え、大阪で高利貸から十万円借りて、ボイラーの清浄剤を売る商売をはじめたが、時流に乗ってたちまち大きくふくれあがった。資金ぐりに追われていたので、上場して資本の調達をする必要に迫られていた。私は栗田さんの意図がわかったので、知人の証券会社の社長を紹介し、「もし二部市場で上場するなら、大阪だけでやってはいけない。東京、大阪両市場で同時にやりなさい」とアドバイスをした。もし大阪だけで上場したら、「東のオルガノ、西のクリタといわれる」ようになるから、栗田さんのような大風呂敷の意にそぐわないだろうといったのである。栗田さんは私の意見をとり入れ、一年足らずのうちに条件をととのえて、両市場で同時に上場することになった。

昭和三十六年二月一日、栗田さんが野崎さんをはじめ、小坂田弘三さんとか、若山正治さんとか、戸嶋勉さんとかいった「栗田スクラップ艦隊」の面々を引き連れて、我が家へ現われたのは、東京上場のために証券取引所の説明会に来たその晩であった。

私は、同じ時期に、株式市場で頭角を現わしたミツミ電機の森部一社長もご招待して、一緒に楽しい一夕をすごした。このとき、栗田工業の株は倍額増資をして、一株六百円からはじまったので、逆算すると、一株千百五十円になっていた。私は食卓を囲んで皆で大騒ぎをしているときに、野崎常務をつかまえて、

「野崎さん、あなたが栗田の株を売れというから売りましたが、この株価はどうです？ あなたのおかげでえらい損をしましたよ」

といったら、野崎さんは少しもあわてずに、

「邱センセイもたいしたことありませんな。私にいわれたくらいで、株を売るんですから」

と逆襲してきた。いま思いかえしてみると、あの頃が、成長経済の最盛期であり、栗田春生さんの黄金時代でもあった。

栗田さんは水処理産業のパイオニアではあったが、経営については残念ながら「欠陥人間」であった。まず銀行が大嫌いで、銀行にロクに顔も出さなかった。そのために長期資金が調達できず、短期資金で長期投資をやるという無謀な資金ぐりであった。また地方公共団体の糞尿処理工事をもらうために、公務員の買収をしたり、資金ぐりの悪化を隠蔽するために粉飾決算をやったりした。それが露見して、社長の椅子を追

われ、裁判沙汰にまでなったが、調べにきた検事たちが社長宅にカラーテレビもないのを知って、この人はお金を隠したりする人じゃないな、と確信をもったそうである。

裁判が一件落着したのち、栗田さんは、タイへ行って、タイ・クリタという会社をはじめ、一頃は二百名くらい社員をもつまでに恢復した。

「バンコックでも、クリタ式海軍訓練法で、チュラルンコーン大学出など集めて毎朝、駆足やらせていますよ。どうせ根性のないやつが脱落するだろうと思って、少し多目に入社させたところが、タイもご多分にもれず不景気でねえ、なかなか辞めてくれないので往生していますよ」

私は誘われて、バンコックにある栗田さんの事務所や工場まで見学に行ったが、その後しばらくして、栗田さんの人生はまた暗転してしまった。ベトナムにおけるアメリカの危機がタイからの米国銀行の資金を引き揚げさせ、栗田さんは同じ金融面でまたしてもつまずいてしまったのである。債権者と話合いがついて牢を出た栗田さんは、紫蘇を栽培して暮らすのだといっていたが、雇っていた手伝いの少年に刺されて、あえない最後を遂げたことは新聞が報じている通りである。とはいえ、今日の日本の水処理界で働いている人たちの中に栗田工業出身は圧倒的に多いし、草分けとしての栗田さんの功績は燦然として輝きつづけている。

大屋晋三とカ、カ、カのかあちゃん

私が経済界のことに首を突っ込んだのは、株式投資からであったが、そのうちに、企業のことから経営者のことにまで興味をもつようになった。日本経済新聞の「私の履歴書」とか、実業家の自伝他伝を盛んに読んだが、明治以後の日本の実業家の中で、私が一番心をひかれたのは小林一三さんであった。

小林一三さんは、人も知る阪急グループの創始者であるが、私が物書きとして一人立ちできるようになった頃はもう他界していた。しかし、小林さんのエピソードを私は実に多くの人からきいていたし、わけても小林さんの直弟子ともいうべき阪急グループの総帥清水雅さんからきいた話は圧巻だった。秘書として小林さんと行動を共にしていた清水さんは、内台航路に乗って台湾に行く途中、食堂でおいしいカレーライスに出あうと、「お前、このカレーライスのつくり方を習ってこい」と小林さんから命じられて、たちまちコックの白衣を着せられて、調理場で働かされた。また船に同乗していた台湾総督府の役人から、「台湾で子豚を集めて農家に委託養豚をさせ、成豚になったのを買いあげている」ときくと、「清水、内地へ帰ったら、すぐ子牛を農家に預ける方法を考えよ」と、なんでもやらされ、おかげで、鰻の飼い方から、ブラシの作り方から、ワイシャツの裁ち方に至るまで、なんでも覚えさせられ、デパートで売る商品のことならなんでもわかるようになったそうである。デパートを都心部からターミナルに動かしたのも小林さんなら、ライスの上にソースをかけて食べるソース・ライスを売り出したのも小林さんである。日本の実業家の中で、最も独創的な人を一人あげよ、といわれたら、私なら小林一三の名を少しの躊躇もなくあげるであろう。

ちょうどその頃、私は『週刊サンケイ』から連載物をたのまれたので、「財界の鉱脈」と題して、手始めに小林一三をとりあげた。しかし、二人目は誰にするかとあれこれ思案しても、小林一三に匹敵する人は一人もいない。明治以後の有名人では、渋沢栄一、福沢諭吉、勝海舟といった人が面白いが、実業家として独創的で、現代を生きている人たちの参考になる人ということになると、必らずしもぴったりこない。さんざ考えた末に、とうとう大屋晋三さんということになった。現役の帝人の社長をとりあげるのは気のすすまないことであったが、破産した鈴木商店の一子会社にすぎなかった帝国人絹会社を今日の帝人まで仕上げた人で、しかも自分の個人の財産にはまったく関心をもたずに生きた人ということになると、小林さんとは違った意味で、大屋さんはサラリーマン上がりの企業家社長のチャンピオンといってよいだろう。

実はその少し前に、私はある経済雑誌の社長に連れられて、大屋さんの大阪の家を訪問したことがあった。大屋さんの家といっても、正確にいえば、奥さんの大屋政子さんの家である。なぜならば、大屋さんは自分の財産というものに興味がなく、尾山台にある東京宅は家の中を川が流れるという大邸宅であるが、帝人の社宅であり、自分の財産らしいものは何一つもっていなかったからである。それでいて、オーナー社長も及ばないような実力をもち、帝人社長をやめて選挙に打って出、運輸大臣もやれば通産大臣もやった。そのお金はどこからきたかというと、そういう人には人徳があって、いずこからともなく湧いてくるのである。たまたま選挙のために大阪周辺をとびまわっているうちに、テイチクの歌手のタマゴにすぎなかった政子さんと「佳人之奇遇」をやり、一目惚れでたちまち前夫人と離婚し、「うちのおとうちゃん、ウチのおとうちゃん」と周囲が目をまわすような仲の好い夫婦になったことは、とくとご存じの通りである。しかし、政子夫人は「うちのおとうちゃん」のそとづらとポケットの中のあまりものひらきに一驚し、以後もっぱら利殖の道に励んで、大阪の家屋敷はもとよりのこと、四条畷のゴルフ場などすべて自力で築きあげた。帝人のメインの三和銀行からお金を借りるのに、「社長のハンコをいただければ、すぐにもお貸しします」といわれたのを粘りに粘って、社長のハンコなしですませたそうであるが、むろん、そこは魚心に水心だから、「おとうちゃんの力をかりなかった」といったら嘘になろう。

大阪帝塚山の大屋邸は、鉄筋コンクリートのなんともいえない無表情な造りの家で、私が訪問すると胆っ玉かあちゃんの方が先に出てきて、ビールは出すわ、おつまみは出すで、通称ケチ子さんにしてはたいへんなサービスであった。

「うちはね、センセイがこられるときいたので、ききに行ってきたのですよ」

と政子夫人はいった。どこに何をききに行ったのかと思ったら、お稲荷さんに邱永漢さんとつきあってもよいか、とお伺いを立ててきたのだそうである。

「それで、どういうお告げでしたか？」

「今日、ビールが出たのを見てもおわかりでしょう。うちは普通のお客はお茶しか出さないんですから」

その日、大屋さんとは三、四十分話をしただけであるが、たいへん気さくな人で、既に七十歳を過ぎていたかと思うが、ずいぶん柔軟な頭脳の持主だな、という印象を受けた。

ところが、東京へ戻って一週間ほどして、街を歩いていて政子夫人とバッタリ出くわした。そうしたら、政子夫人は私の顔を見るなり、

「センセ。うちのおとうちゃんがセンセのこと、とても賞めておりましたよ。あの人は百万人に一人くらいの人だって。どんなことがあっても飯の食べていける人だって」

大屋さんと話をしていたときは、別にそんな話は出なかった。私が自分の経歴を述べると、大屋さんは、まだ三十六歳ですか、それじゃ六十歳になるまでに、やりたいことはみなやりつくして、六十歳過ぎたら、やることがなくなって困りますね、と冗談をいっただけである。

文壇に出たばかりの頃、口の悪い大宅壮一さんにあなたは必らず文壇に生き残っていけると太鼓判を押され、いままた日本の実業界でこの人ありといわれた大屋晋三さんに、生活手形の裏書きをしてもらったのである。「オオヤは親も同然」というから、私はもし生活に困ったら、両オオヤのところへ駈け込むことにしようと冗談口を叩いた。しかし、内心の喜びを禁じえなかったので、私は大屋ご夫妻をご馳走する気をおこし、昭和三十七年七月二十二日に、平町の私の家にご招待をした。当夜は、東工大

教授をしていた永井道雄ご夫妻と中央公論社社長の嶋中鵬二ご夫妻にご相伴をしていただいた。そのすぐあと、今度は私たち夫妻がお礼にと、尾山台の大屋邸に招ばれた。

尾山台の大屋邸は宏壮な大邸宅で、正門から入ると、玄関まで辿りつくのに、胸突き八丁の階段を登らなければならない。そこでふだん家族の人たちは、自動車を勝手口につけてそこから出入りしている。しかし、胸突き八丁を登らせるのが大屋さんのご趣味らしく、当夜は雨の中を大屋さんはわざわざ門までおりてきて、傘をさして私を玄関まで案内してくれた。家の中は、と見ると、調度などは大ざっぱであったけれども、しょっちゅう外人さんを家にご招待するらしく、自分たちが食事をするところのほかに、すしコーナー、天ぷらコーナーがあって、お店のように、提灯がズラリとぶらさがっているのにはびっくりした。お客がきたときだけ職人をよんで料理をさせるらしく、奥様の手料理というわけにはいかない。あの胆っ玉かあちゃんだと、世間の風当りはどうしても強くなるが、大屋さんは何もかも知っていて、いっさいサラリとききながし、人生の後半は、恵まれた、楽しい日々を送ったのではないかと思う。

先年、大屋さんが大往生を遂げたとき、私は、長くご無沙汰したおわびもかねて、青山葬儀所に出かけて行った。しかし、葬儀に参列する人々が二重三重にとりまいて、私の車は青山墓地をくぐり抜けることもできないほどの混雑ぶりであった。私は塀の外から遥か葬儀所の方を拝み、その冥福を祈って家へ帰った。おとうちゃん亡きあと、カ、カ、カのかあちゃんの方はどんな生き方をするのだろうか、と案じながら。

メニューに出ない料理のメニュー

私たちはよく人を家に招待するが、人の家に招待されることはめったにない。「邱さんの家のようなご馳走をいただいたあとでは、とてもご招待する気がしませんよ」とか、「舌の肥えた人をご馳走するだけの自信はありませんから」と敬遠される。一般に日本人は、自宅に人を招待したり、されたりの習慣がなく、仕事のうえのお客は料亭によんで片づけてしまう。それも、「奥様もどうぞご一緒に」というのは珍しく、たいていは、男だけということが多い。

たまに夫婦で招待される場合でも、「あの人たちは中国人だから、中華料理がよいでしょうね」と気をきかせて、私たちを中華料理屋に招待して下さったりする。香港か台湾で、中華料理屋に招待されるのなら、もとよりなんの抵抗もないが、日本で中華料理屋ときいただけで、げんなりしてしまう。東京の中華料理屋の程度が悪いというわけではない。私たちが中華料理が嫌いというわけでもない。ただ私たちはふだん中華料理をメインとした食生活をしており、中華料理についてはうまい、まずいの峻別がきびしく、下手クソのコックには我慢しきれないところがあるので、外へ行ったときくらい、できれば中華料理以外の料理にありつきたいと思う。だから「何料理をご所望ですか？」ときかれたら、「中華料理以外ならなんでも」と答えるし、「じゃ、日本料理にしましょうか、それともフランス料理にしましょうか？」ときかれたら、「それでは、日本料理にして下さい」と答えることが多い。しかし、西洋料理が嫌いということではなく、フランスにわざわざフランス料理を食べに出かけるくらいだから、どこの国の料理が好きで、どこの国の料理が嫌いだということはない。

日本料理、中華料理、西洋料理と並べて、どこの料理がすぐれていて、どこの料理が劣っているということもない。イギリスやドイツは料理がまずいが、フランスやイタリアは料理がうまいという区別ならある。そんなことをいったら、日本料理だって、京都や金沢はうまいが、東北や北海道や山陰はまずいという区別がある。だから、どこの料理がうまくて、どこの料理がまずいというよりは、どこの料理にも、うまい料理とまずい料理があって、「あなたは何料理が好きですか？」ときかれたら、「何料理でもいいんですが、うまい料理が好きなんです」とでもお答えするよりほかないであろう。

　また、日本料理が好きだといっても、朝から晩まで、毎日、日本料理ではやはりあきがくる。日本料理にはかなりバラエティがあるけれど、材料のナマに近い味をどうやって生かすかに眼目があるから、昼も夜もつづけると、刺身、天ぷら、味噌汁、煮つけ、焼魚と同じものが重なってくる。同じように、フランス料理に明け暮れていると、クリーム状のソースで胸がいっぱいになって、早くイタリアかどこかに逃げ出したくなってしまう。つまり、私たちの身体が要求するものは、毎日毎晩、最高の料理を食べることではなくて、「変化」であり、「調和」である。まずい、貧しい物を食べるかと思えば、身動きができないほど素晴しいものを食べたり、ちょうど腹具合のよい食べ方をしたりすることである。この意味で、私たちは毎日毎晩、私たちが人を招待するときのような豪勢な食事をしているわけでもなければ、家にいても、中華料理ばかり食べているわけでもない。

　子供の友達が遊びにくると、テーブルいっぱいに並びきれない皿数の料理を見て、まずびっくりする。しかし、うちの息子たちがそれらの料理に箸をつけようともせず、海苔とタラコと納豆で飯をかき込んでいるのを見ると、もっとびっくりする。ところが、うちに居候をして二週間も三週間も、同じ釜の飯を食べていると、だんだんご馳走に手がつかなくなって、ついにウニと海苔で食事をするようになり、「このうちの子供の気持がわかるなあ」という心境になってくるのである。

つまり料理には、料理屋の料理と家庭料理の区別があるが、我が家の家庭料理の中には、またお客様用料理と、料理屋の板前さんが自分たち用につくる自家用料理とがあるのである。『プレジデント』誌の社長をやっておられた本多光夫さんが、私たちの家のメニューをじっくり味わった末にいったセリフは、

「ふだんは何をおあがりになっていらっしゃるのですか。ふだん、おあがりになっているものをご馳走して下さい。きっとうまいでしょうなあ」

私は一理も二理もある推理だと思った。どんな手のこんだ料理でも、美味を追求していくうちに、単純化された味に戻ってくる。ちょうど巧緻をきわめた細密画を描いていた人が、簡単な線か、省略した手法で絵をかくようになるのと似たような心境である。そういう心境の家庭料理で、私が好んで食べるものを、二、三あげてみよう。

一、炒飯と冷奴と海苔　私は講演会などに行って、夜九時か十時になってから自宅に戻ることがある。まさかそんな時間まで待たせるわけにいかないので、家族には先に食事をしてもらう。いまの炊飯器は保温がよくできているが、炊いて少し時間のたったご飯はおいしくないので、私はさめたご飯でチャーハンを作ってもらう。

炒飯の要領は、まずわけぎ（大葱でもさしつかえない）を細かくきざむ。中華鍋にサ

ラダ油をややたっぷりめに入れ、熱くなったところに、きざんだ葱を加えて、狐色になるまで焦がす。葱が焦げると、一種えもいえない芳香を放つ。その中に冷たいご飯を入れて満遍なくかきまぜ、すっかり熱くなってから、卵の殻を割って卵を上にかけてよくかきまぜる。卵はご飯の中にまざって見えなくなってしまう。あとは塩と化学調味料と醬油と胡椒少々で味つけをすればよいが、醬油味の好きな人は醬油で色をつけ、嫌いな人は塩味をきかせればよい。冷奴は普通の日本式の冷奴でよく、熱い炒飯と冷い豆腐は実によく合う。炒飯の海苔巻きというのが、これまた不思議と海苔の味を生かすのである。

二、白切肉と搾菜のスープとキャベツ炒め　白切肉とは、豚のバラ肉を茹でてから冷蔵庫で冷やし、薄切りにして唐辛子醬油で食べるもの。バラ肉でやや脂身の少いところを塊りで五百グラム、たこ糸で堅くしばって、肉がかくれるくらいのお湯の中に少し塩を入れて約一時間くらい、弱火で茹でる。茹であがったら、取り出して水にすぐつけ、またすぐ水から出して冷蔵庫の中に入れて冷やす。食べるとき紙のように薄く切り、ソースは醬油、化学調味料、赤唐辛子、青唐辛子、それにニンニクのみじん切り、酢、ごま油をまぜあわせたものにする。

豚肉を茹でたお湯はダシそのものであるから、この中に搾菜と春雨を入れれば、おいしいスープができあがる。搾菜のかわりに、クレソンと鶏の砂肝を入れて二時間くらい時間をかけてゆっくり煮れば、前に述べた西洋菜湯ができあがる。

もう一つ、キャベツ炒めはどうだろうか。キャベツを炒めるのは簡単のように思うかもしれないが、おいしくつくるとなると、コツがいる。まず第一にキャベツに水分があること。炒める前に三十分から一時間くらい水につけておき、炒める寸前に水切りをしておくこと。つぎに炒める前に油の中にニンニクを入れて焦がしてから、少し塩を入れておくこと。第三にキャベツを炒めるときに、火力を全開にしておいて、ザァーッと大きな音がするくらい激しい勢いで炒めること。第四に、炒めすぎてベチャッとならないうちに、鍋からあげてしまうこと。キャベツのかわりにレタスを炒めても、結構、おいしいものができあがる。

2022 9

中公文庫　新刊案内

剣神　炎を斬る

神夢想流 林崎甚助2

岩室　忍

仇討を果たした甚助を待ち受けていたのは、荒ぶる神の怒りであった。神の真意を悟り、廻国修行に身を投じた甚助は、剣豪塚原卜伝を訪ねる旅に出る。

書き下ろし

●880円

わたしの良い子

寺地はるな

出奔した妹の子ども・朔と暮らすことになった椿。決して《育てやすく》はない朔を、いつしか他の子どもと比べていることに気づき――。〈解説〉村中直人

●726円

ここに住みたい

堀内誠一

生誕90年

絵本作家でアートディレクターの著者が、フランスから中国まで世界をぶらぶら食べ歩き、描いた旅のスケッチ。新たなエッセイ・コラムも満載し、初文庫化。

●968円

新版 嵐の中の北欧
抵抗か中立か服従か

武田龍夫

北欧2国 NATO加盟へ

第二次大戦中、ロシアとヨーロッパの狭間で北欧の小国はいかに生き延びたか。その苦闘の歴史をドラマチックに綴る。〈解説〉岡崎久彦〈新版解説〉大木 毅

●1100円

邱飯店交遊録
私が招いた友人たち

邱永漢

没後10年

最初にもてなした佐藤春夫と檀一雄の思い出から、本田宗一郎との食卓まで。自宅に招いた友人とメニューの記録三十年分を振り返る。レシピ二品と人名索引付。

●990円

アリバイ奪取
笹沢左保ミステリ短篇選

笹沢左保 日下三蔵 編

没後20年

文庫オリジナル

アリバイが消えたとき、笑うのは誰だ？本格推理から、サスペンス、そして著者の真骨頂たる宿命小説まで、バラエティに富んだ八篇を収録した初期傑作選。

●990円

RASEN PROJECT

特報

2022年10月25日
「螺旋プロジェクト」ついに文庫化!

「共通ルール」のもとに、
原始から未来までの時代を8作家が同時に書き上げた
前代未聞の文芸共作企画

中面へつづく▶

伊坂幸太郎
シーソーモンスター

元諜報員の妻が嫁姑問題に、フリー配達員がＡＩに挑む、時代を超える最強エンタメ!

昭和後期／近未来

朝井リョウ
死にがいを求めて生きているの

植物状態の青年と見守る友人。二人の間に横たわる歪な真実とは。〈解説〉清田隆之

平成

今月の新刊

新装版
ダウン・ツ・ヘヴン
Down to Heaven
森 博嗣

女性でキルドレのエースパイロットという話題性から広報に使われ、鬱屈した毎日を過すクサナギ。ショー化した戦争を生きる子供たちの物語。〈解説〉室屋義秀

●836円

新装版
桃花源奇譚
3 月色岳陽楼
4 東京残桃夢
井上祐美子

●各858円

社 https://www.chuko.co.jp/
都千代田区大手町1-7-1 ☎03-5299-1730(販売)
税(10%)を含みます。◎本紙の内容は変更になる場合があります。

宋の皇子・戴星は、仲間たちと別れ、己の命を狙う刺客・殷玉堂と手を組むことに。不老不死の郷・桃花源を巡る中華歴史ファンタジー、クライマックスへ。

中央公論新

〒100-8152 東

◎表示価格は消費

司馬遷

武田泰淳

生誕110年

「史記」の構造を読み解きながら、個人の力に着目した司馬遷の歴史観を浮き彫りにする。著者の第一著作にして代表作。〈解説〉中野重治／竹内好

●1100円

人魚の嘆き・魔術師

谷崎潤一郎

人魚を賛美する南京の貴公子や、魔術師と半羊神の妖しい世界に遊ぶ名作。水島爾保布の挿画を口絵まで完全収載。〈解説〉中井英夫／前田恭二〈註解〉明里千章

●770円

2000年の時を超え、物語はつながっていく。

第2弾 **2022年11月25日刊行予定**

原始 大森兄弟『ウナノハテノガタ』

明治 薬丸 岳『蒼色《そうしょく》の大地』

未来 吉田篤弘『天使も怪物も眠る夜』

第3弾 **2022年12月25日刊行予定**

中世 天野純希『もののふの国』

昭和前期 乾ルカ『コイコワレ』

古代 澤田瞳子『月人《つきひと》壮士《おとこ》』

争うだけじゃ、世界は楽しくない。

RASEN PROJECT

〝違いのわかる男〟たちの話

『話の特集』という雑誌の建てなおしをやったことがある。事の始まりは、『話の特集』という、昔、菊池寛が名をつけた雑誌で、その通俗的な名前からは想像もつかないような、サイケデリックな（その頃は、そういう形容詞を知っている人も少なかったが）内容の雑誌を持って編集長の矢崎泰久君が、引越ししたばかりの石川台の私の家へ訪ねてきたことにはじまる。横尾忠則さんが表紙絵を描いた、びっくり箱からとび出してきたような雑誌に、小説を書いてくれ、という注文だった。

いまもって、私はどうして矢崎君が私に小説の執筆をたのむ気になったのかわからないが、なんでも吉行淳之介さんか誰かにきいて、私のところへきたのだという。私は一見して、この雑誌にはつぎの時代を予感させるような新鮮さはあるが、採算にのらないだろうと思った。そこで、

「お金はいくら持っていますか？」

ときいたら、

「オヤジが土地を売った金が、六千万円ほどあります」

と矢崎君が答えたので、

「それならしばらくもちますね」

と私は頷いた。普通私は原稿料はいくら払うつもりですかとききかえしたりするが、どうせ損をする雑誌だと思ったので、私は何もきかずに、三号目に「セールスマン日本一」という短篇を書いた。

しかし、「六千万円あります」というのは矢崎君一流のハッタリで、実際は九百万円しかなかったから、『話の特集』はたちまち行き詰って廃刊に追い込まれた。ただこの雑誌にはえもいわれぬ魅力があったので、大阪の印刷屋さんがスポンサーについて、間もなく復刊した。その復刊した何号かあとの雑誌を持って編集部の女の子が、原宿に私が建てたばかりの新しい事務所に訪ねてきた。「なかなか、たいへんだろうなあ。矢崎君を励ましてあげなくっちゃ」と私はすぐお向いのセントラルビルにある編集部に電話をして、ヒマがあったら、一緒に食事でもしないかと誘った。二週間ほどして矢崎君が見え、私はコープ・オリンピアにあるフランス料理屋に行って食事をした。これが私にとっては運の尽きみたいなものであった。

雑誌はその後もずっと赤字がつづいたので、スポンサーについた印刷屋がやる気をなくし、来月号からまたしても休刊になると矢崎君は私に告げた。すぐ来るつもりだったが、執筆者たちがこのまま潰すのはもったいないから、みなで金を出しあわせることになり、その相談に大阪まで行っていて遅れてしまった。まだ金はもらっていないが、小松左京、永六輔、宇野亜喜良、友竹正則、篠山紀信らが出資を約束してくれ、七百万円くらいは集まる予定だといった。私は執筆者に株主になってもらって、もし原稿を書かせろといわれたら、どうやって断わるつもりなのか、そんなやり方をするよりも、拡販運動でもしてもらった方がよいのではないか、と意見をした。

　矢崎君の説明によると、『話の特集』は約一万五千部くらい売れ、月に損をする金額は百万円くらいだという。月百万円くらいなら、もう一年くらいしたら僕がお道楽のつもりで損をしてもいいが、ちょっとタイミングが悪いなあ、といって私は帰った。しかし、家へ帰ってから、どうせ損をするのなら、一年後も今も同じじゃないか、休刊してしまうと読者が散ってしまうから、やるなら今だと思いかえして、矢崎君に電話をして僕が引受けてやろうと通告した。

　昭和三十七年十月五日に、石川台の私の家に、『話の特集』の力になってくれるであろうつぎの面々が集まった。植草甚一、寺山修司、長新太、篠山紀信、宇野亜喜良、和田誠、小松左京、友竹正則、矢崎泰久、横須賀功光《のりあき》、それに、私の友人で広告屋の社長をやっている平岡哲彦、アートディレクターの足立淳のメンバーである。のちにいずれも著名な作家やカメラマンやデザイナーになった人たちであるが、その頃はまだ新進気鋭と無名の中間くらいにいた。私にとってはほとんどの人が初対面であり、こんなことでもなければ知り合いになるチャンスのないような人たちばかりであった。また、おそらくこのときが正式の宴会の中華料理をはじめて食べたのではないかと思うような若いメンバーばかりであった。

というのは、全部で十二皿出た料理の中に、生菜包という料理を出した。生菜包の生菜とはレタスのことであって、レタスのなかに鳩の肉かウズラの肉とビーフンの揚げたものを包んで食べるのである。日本では鳩もウズラもあまり馴染まないから、鶏のテバ肉、ササミ、レバー、それに豚のもも肉を代用してもさしつかえない。作り方としては、テバ肉二百グラム、ササミ二百グラム、豚もも肉二百グラム、筍二個、クワイ五、六個を、すべてみじん切りにする。干椎茸は水で戻してから、鶏レバーは茹でてから、これまたみじん切りにする。鍋に油大さじ三杯を入れてから、葱のみじん切りと生薑一片を炒め、香りが出たら、テバ肉、ササミ、豚肉を入れて、水気がなくなってポロポロするまで炒める。これにレバーと筍とクワイと椎茸も加えて、さらに炒め、醤油、塩、砂糖少々、胡麻油、胡椒、化学調味料で味をつける。

つぎに天ぷら油を中火にして、ビーフンを乾いたまま入れて焦げない程度に揚げ、細かく潰す。皿の真中に炒めた具をおき、まわりをビーフンでかこんで出す。別に一枚一枚はがしたレタスを皿にのせて出し、ケチャップと醤油と辣椒醤《ラージャオジャン》をまぜたソースを添えて出す。食べるときは、レタスの中に鶏肉と揚げたビーフンを包み、辛いのが好きな人はソースを加えて口へ運ぶのである。肉の味よりも揚げたビーフンの歯ざわりがよくて、しかも芳ばしいので、サラダを食べるよりはずっと美味しい。

植草甚一さんは、ジャズの本を書いて若者たちに人気のあったおじいさんであるが、その植草さんが教えられるままにレタスで具を包み、一口かむと思わず、

「このキャベツはおいしいねえ」

と叫んだ。キャベツとレタスの違いのわかる人たちはドッと笑った。しかし、もちろん植草さんはどうして皆が笑ったのか、ご存じない。

つぎに寺山修司さんが同じように、レタス巻きにかぶりつき、また同じように、

「うん。このキャベツは本当においしいね」

とやったので、もう一度、皆がドッと笑った。しかし、もちろん誰もなぜ笑ったか説明する人はいない。最後まで植草さんも寺山さんも、自分たちの間違いに気がつか

なかったし、植草さんはもうあの世に行ってしまったが、おそらくあの世に行ってもまだ気がついていないのではないかと思う。テレビのコマーシャルに「違いのわかる男」というのがあって、インスタント・コーヒーの広告をしているが、インスタント・コーヒーの味のどこが違う、といいたいのだろうかと不思議でならない。あれに比べれば、お二人は群馬県のためにでもキャベツの宣伝のできる「違いのわかる男」の資格があるのではなかろうか。

その席上で、私は自分が『話の特集』の建てなおしをするから協力していただきたいと頼んだのはよいが、いざ蓋をあけてみると、一万五千部売れているといったのは真っ赤な嘘で、わずか七千部しか売れておらず、毎月の赤字も百五十万円というのが本当の数字であった。しかし、もう既に乗り出した船だから、後戻りもできず、私はきびしい予算制をしき、広告集めに奔走して、約二年で『話の特集』を赤字から脱却させた。そのために、千九百十万円の金を使い、矢崎君がほしいというので、無償で矢崎君にかえしてあげた。池島信平さんはこの間の事情をよく知っていて、「投資した金はかえしてもらわんのですか？」ときくから、「矢崎君からお金かえしてもらえると思いますか？」とききかえしたら、「それもそうだね」と池島さんは大笑いをした。

矢崎君はその後も立派にやっているようだが、私は道楽にお金を使うとはどんなことであるかを勉強して、たいへん役に立ったと思っている。

永遠の少女・森茉莉

池上線石川台の家には約六年半住んだ。この家は、『コリヤーズ』という百科事典の日本代理店をやったアメリカ人が、百科事典の売上げ代金を猫ババして建てた大きな洋館で、近所の人から「雪谷御殿」と呼ばれていた。アメリカ人は、本社から訴えられて形勢不利だったらしく、私たちから金を借りて、しばらく代わりに住んでいてほしいと頼んだまま、いずこへともなく姿を消していた。

御殿と呼ばれた家だけあって、外観は堂々としていたし、四十帖くらいある応接間は二階まで吹きぬけになっていて、アメリカ映画に出てくるような螺旋階段で二階までつながっていた。しかし、どことなく陰気な家相で、うちの女房にいわせると、両手に大きなトランクを提げて、「じゃ、ねえ、バイバイ」とさよならをいって妻が家を出て行くような感じの家だったそうである。この家に住んで、離婚の本番こそやらなかったが、女房の心は晴れ晴れしなかったし、私も生まれてはじめてのヨーロッパ旅行に出かけたものの、三十九年の不況にぶつかったし、創作活動も思うにまかせず、歌謡曲の作詞などをして無為徒食の一年を送ったこともあった。

歌謡曲をつくった時分は、山本直純、藤家虹二、山崎唯、アイ・ジョージ、坂本スミ子、などの作曲家や歌手などが入れ代わり立ち代わり姿を見せたが、一般に舞台生活を送るような人たちは、幕間に店屋もんのかつ丼やざるそばで簡単にすませるらしく、食べ物は何を食べても同じという人が多いとお見受けした。なかでも、宴会の途中で盛んに電話がかかり、人が三日間もかけてつくった料理なのに、「テレビがはじまるから」「リハーサルをやりますから」と中座する人が多く、とうとう私の方で「芸能人はお断わり」と、芸能界の人をシャットアウトするようになった。上場会社の大社長で、芸能人よりもずっと忙しい人たちでも、私の家で食事をするときは、七時から十一時まで、秘書たちにも電話のとりつぎはいっさい禁じているのに、食べ物に関心のない、育ちの悪い人たちは、平気で途中で席を立ってしまうのである。

だからこの六年あまりは、たいしてお客をしなかった。それでも古いメニューを見ると、丸井の青井忠雄夫妻、最近、無人工場ですっかり有名になった山崎鉄工所社長の山崎照幸氏、角栄建設社長の角田式美氏、アンネ社長だった坂井泰子夫妻、丸三証券社長長尾貫一氏、荏原製作所社長の畠山清二氏、大和証券会長千野宜時氏、西武百貨店の堤清二氏、アイデア紳士の片山龍二氏、経済評論家の高島陽氏、東工大教授の宮城音弥夫妻、上智大教授の蠟山道雄夫妻らの名前が見える。

気分を一新するには、何よりも転居が一番効果的である。だいぶ前から、私は新しい家を建てることを家内に約束していたが、次々とビルを建てるのに追われていたので、遅れ遅れになっていた。原宿のビルのあと、渋谷に外人用マンションを建て、つづいて新宿に建てた事務所ビルも一段落したので、やっと南平台の隣りの青葉台というところに百二十坪余りの土地を買求めて、高山慎さんという建築家にスペイン風の白い壁の家を設計してもらって、昭和四十四年四月四日に引越しをした。どうして引越日を正確に覚えているかというと、偶然にも四並びの日だったからである。

うちの女房はさして経済観念のある方ではないが、料理がうまいことのほかに、㈠不動産の値打ちを予測する能力と、㈡年齢に応じた生活の変化に対処する能力という特技をもっている。この家へ移るときも、彼女は、「この家は十年しかもちませんよ」といった。十年たつと、三人の子供は嫁に行ったり、嫁を娶ったりして、それぞれ独立するから、離合集散が起るというのである。私たちにはそれほど引越し趣味があるわけでないが、東京へ移ってからも、五回引越しをした。だから十年以内にまた引越しをしても少しも不思議ではないが、家内の予想通り長女も長男も独立してこの家から出て行ってしまった。にもかかわらず、いまも私たちがこの家に住んでいるのは、その後、台湾へ帰るようになり、台北、台南、福岡、伊那、ロサンゼルス、高雄とあちこちに手を拡げて家やビルを建てるようになり、事実上、引越しをするのとあまり違わない変化の中で生きてきたからである。

家をつくるとき、私たちはよくお客をするから、食堂と台所は大き目にしておいて下さいと、建築家にたのんでおいた。建築家もそのつもりで設計してくれたと思うが、実際に使ってみるとやはり狭かった。建築家は私たちが専属のコックをおいたり、いちどきに何十人もお客をしたりすると予想していなかったからである。それでも家を建てるとき、私が主張したことは大半受け容れられ、かなり理想に近い家ができあがった。私の主張とは、㈠どのドアの高さも必らず二メートル以上にする。㈡下駄箱をやめて靴部屋をつくる。㈢四季の衣服がそのまま収納できる、つくりつけの洋服ダンスをつくる。㈣洋風であっても寝室には全部、障子とフスマをとりつける。㈤セントラル・ヒーティングを採用するが、万一に備えて各室にガス栓がきているようにする。㈥応接室と食堂をオープンにして多人数のパーティにも使えるようにする。㈦台所のガス台は強い火力が出せるように、中華料理のプロ用のガス台にする。これらはいずれも、習慣になっている日本の住宅の建て方を当世風の生活に合せるための工夫だったのである。

さて、新居ができたので、新居祝いに友人を招待することになった。友人といっても、私の友人には、実業界の人もあれば、文人墨客もある。かと思えば、俳優さんから歌手からカメラマン、画家、さらには『話の特集』の常連になった「トランプの王様」のようないでたちをした異人種もいる。それらの人々をどういう具合に分けたらよいかわからないが、私は「堅気」と「ヤクザ」な商売、だいたい同じことだが「経済観念のある人」と「ない人」に大別して、二回に分けることにした。とはいっても、ヤクザな商売に従事している人でも、マトモな人もあるし、堅気の商売の人で、ヤクザな商売の人とつきあいたいという人もある。

そこで四月三十日にまずヤクザな方から先に招待した。その日の出席者を見ると、石坂浩二、加賀まりこ、永六輔、高橋睦郎、八木正生、黛敏郎、山下勇三、和田勉、植草甚一、安井かずみ、中村博之、Ｋ・サンダーズ、山本直純、正美夫妻、西郷輝彦、真家宏満、藤家虹二、藤田敏雄、宝官正章、荒木一郎、早崎治、立木義浩、コシノ・ジュンコ、クロイワ・カズ、矢崎泰久、与謝野馨らの名がある。その中にまじって、ややＯＢの観のあるのが小谷正一、中村武志、デザイナーの小林秀夫、一枚の絵社長の竹田厳道夫妻であった。

　また五月三日には堅気の人たちにおいでいただいたが、そのなかには佐藤春夫夫人の千代さん、彫刻家の向井良吉、小山いと子、安岡章太郎夫妻、青井忠雄、片山龍二、嶋中鵬二夫妻、東映専務坪井與、高島陽らのさほど堅気とも思えない人たちの顔もまじっている。

　そうしたさほど堅気でもない人々の中で、出色はなんといっても森茉莉さんであろう。茉莉さんは、もうずいぶん昔から風貌だけ見ると、箒にのった魔法使いのおバアさんのような感じだが、一歩心の中に踏み込むと、十六歳で年をとることをやめた少女みたいな人で、うちのまだ高校に行っていた娘と一番話が合い、

「ね、ね、サイバンさん。あなた、路線ない？」

「路線ってなあに？」

「マリファナっていつも新聞にのっているでしょう。私、あれが飲みたくてたまらないの」

　といったかと思えば、

「ね、ね、あなた、自分のお父さんに恋したことない？」

「いいえ」

「私ね、うちの十六歳の息子に再会したとき、いっぺんで恋してしまったの。でもし

ばらくしたら、すぐに恋がさめてしまったけれどね」

千客万来というけれど、うちのお客ほど変り種の揃ったのはいないのではないか。

西洋料理のコックを雇う

新しい家もできたので、つぎはコックを雇う番になった。よくお金ができると、宏壮な大邸宅を建てる人を見かける。たいていは貧乏人の出身で、「一朝、志を得たら」と、財力に物をいわせて、聚落第のような家を建てる。それでも「心の最大満足」を得ることができれば、別にかまわないことであるが、大きな家は住んでみると、実に不便なものである。檀一雄さんにいわせると、そういう不便なところによさがあるんだというが、掃除をしたり洗濯をしたりする人にとっては本当に楽ではない。私たちは、大きな家にも小さな家にも住んできた経験があるので、家を建てるなら、「コンパクトで機能的な家」だと思ってきた。だから家を建てるときも、そういう点を考慮して、改められる点はできるだけ改めるようにしたのである。

しかし、おそらくどんな人でも、その人に似合ったゼイタクの趣味の一つや二つはあるだろう。私の場合は、さしあたりコックを雇うことであった。王侯貴族の邸宅に専用のコックがいるのはもとより珍しいことではない。レストランの歴史は、ヨーロッパにおいても、せいぜいこの数百年にすぎないから、専門の料理人はもともと身分の高い人の料理場にいた。中国の場合も、王侯貴族はもとより、大富豪や軍閥のボスたちでもお抱えのコックを使っている。清朝時代の末期に上海の金持ちが息子をロンドンへ留学に行かせるのに、召使いからコックまで連れて行かせたというエピソードは数々残っている。

私の家では、これまでずっと女房がコックさんの役割をはたしてきてくれた。お手伝いさんを雇っても、ろくに料理のできない人ばかりだから、三度の食事はすべて女房が用意をすることになる。女房に楽をさせてやろうと思えば、専門のコックを雇うことである。少しゼイタクな話であるけれども、人間、何のためにお金をもうけるかといえば、使うためだから、少々くらいのゼイタクは許されてもよいのではないか。たまたま私の家に出入りする青年で、レストラン業に手を染めて成功しているのがいた。個人宅で働くコックはいないかと私がきいたら、「いますよ。すぐお連れしましょう」といって、三十歳前の西洋料理の若いコックを紹介してくれた。西洋料理のコックでは、とても朝昼晩食べるというわけにはいかないが、中華料理が食べたい場合は女房につくってもらえばよいし、女房としても半分くらいは手間が省けるようになるだろうと思ったのである。

　コックがいるようになったので、引越しをした四十四年の夏に、若い友人たちを家へ招待した。メンバーは、当時、まだ副社長をやっていた丸井の青井忠雄さん、森ビルの若い専務の森稔さん、それから新しくはじまったばかりの日本リクルート・センターの江副浩正社長と森村稔専務の四人である。いま考えてみると、いずれもたちまち日本のトップにのしあがった個性のある企業の経営者たちであるが、そのときはまだホンの駈け出しにすぎなかった。

　森ビルについては面白い話がある。森ビルの創業は昭和二十九年というから、私が小説家になろうと思って、香港から東京へ出てきたのと同じ年である。七、八年たって子供たちが小学校の低学年生になった頃、車の前座席に女房と私が乗り、子供たちをバック・シートに乗せて虎の門あたりを走っていると、右を向いても左を向いても、森ビルという新築のデッカいビルが目についた。森さんって誰かしらと女房がきくから、さあ、森という金持ちなら、昭和電工の一家が森という姓だけどね、と私が気のない返事をしていると、突然、女房がうしろの席をふりかえって、

「あなたたちのパパじゃ、とてもこんな大きなビルは建てられないから、悦ちゃん、一軒でいいから、大きくなったらこういうのをあなたが建ててちょうだい」

すると、うちの長男は何と答えるかと思ったら、

「森ビルの息子に生まれたら、トクをしちゃうなあ」

息子の方では自分で苦労することなど少しも考えていないのである。世代のへだたりを感じて、私たちは思わず大笑いをした。

それから何年かたって、私は経済界の人とつきあいがあるようになり、経営者対談をするために、森ビルの森泰吉郎社長のところへ雑誌社の人に連れられて行った。森さんは横浜の蚕糸大学の教授をやっていたことがあったが、教師をやめて米屋を家業にしていた家へ戻り、周辺にビルを建てて賃貸業をはじめたのだそうである。ちょうど高度成長期に突入した日本の大企業は工場の拡大に全力投球していた時分だから、自己資金で本社事務所を建てる余裕はなく、高い保証金を払っても、事務所は賃借りをする傾向が強かった。だからつぎつぎと建てたビルの中では、保証金だけで、土地代から建築費までタダになったのが二軒もあったそうだ。しかし、森さん自身は倹約な人で、社長室ではツッカケをはき、ヒマがあると机に向っても、金利計算ばかりしているような地味な人であった。

「お仕事はどんな部下を使っておやりになっているのですか？」

と私がきいた。すると、

「いや、東大を出たうちの息子と二人で弥次喜多でやっているだけですよ」

と森さんがおっしゃるから、

「じゃ、その息子さんにうちの息子をひきあわせてくれませんか？　うちの息子は森ビルの息子に生まれたいといっておりますから」

と私は冗談をとばした。

「でも、うちの息子はうちの息子に生まれてよかったなんて思っていないと思いますよ」

「それなら、もっといいんです。うちの息子もあきらめがつくでしょうから」

そんな縁から森さんの息子さんと知り合いになったのだが、息子の森さんの方がうちへ見えたときは、うちの息子はまだやっと中学生になったばかりだったから、まともに会話ができるような年齢でなかった。

リクルートの江副さんは、東大で森さんの同級生だった。いまでこそリクルートの意味のわかる人がふえたが、当時は社名どころか、目をパチクリさせる人が多かった。学生新聞の広告欄を買い占めて社員募集の広告を大企業にしてもらったら、バカ当りをしたという記事がジャーナリズムを賑わしはじめたばかりの頃であった。江副さんの話によると、最初は文無しだったので、同級生の森さんに頼んで、第五森ビルの屋上に小屋を建ててもらって、そこを本拠にして商売をはじめたのだそうである。

「で、スタートは順調でしたか？」

と私がきくと、江副さんはいたずらっぽい表情になって、

「森ビルというだけあって、雨が降ると、本当によく漏りましたよ」

と茶化した。そういうところから出発したリクルートであったが、「就職」といういままでに考えられなかったテーマを業務内容とする新しい分野を企業化することに成功して、全国的に駅が見えるようなところに、つぎつぎとビルを建てたり、ホテルを建てたりするようになった。

そういえば、「駅のそばの丸井」も、月賦屋からクレジットに脱皮し、年間二千六百億円の売上げをする利益率の抜群に高い一流企業に成長した。緑屋よりも小さな店だった丸井が割賦販売業界の王者にのしあがったのは、基礎をきずいた先代社長よりも、よく時代の動きをとらえて、積極的に拡張政策をとった二代目の腕に負うところが大であると私は見ている。

当夜の料理は、西洋料理だから、オニオン・グラタン、舌ビラメのムニエール、ビーフシチューにサラダといった、どこにでもあるようなメニューだった。しかし、それを個人の家でコックを使ってやるのだから、

「この家は面白いですね。うちの父なんかサラリーマン生活が長かったものですから、いまもサラリーの範囲内で暮らしているのですよ」

と森さんは、自分の家の台所の内輪話をしてくれた。おそらく私の何十倍も何百倍もお金持ちの人が金利の計算ばかりして暮らすのでは味気ないなあ、と私は少しばかり胸を撫でおろした。

しかし、西洋料理のコックは長つづきしなかった。競馬に夢中になって、買物のピンハネを平気でするようになったから居づらくなって、間もなくうちから出ていってしまった。

政情が描く台湾の料理地図

昭和四十七年四月二日、私は二十四年ぶりに、生まれ故郷の台湾へ帰った。長い間、くにへ帰らなかったのは、台湾の将来をどうするかについて国民政府と相容れない意見をもっていたからであった。

しかし、四十六年の秋に、中華民国が国連から脱退するという事件がおこり、台湾の政府としては、将来どうするかという決断を迫られる緊迫した状態に追い込まれた。国民政府では、私のような反対者が国外で盛んに反政府運動をやるのはかなわないと思ったのであろう。年の暮れから春にかけて、三回ばかり使者を私のところへよこして、台湾へ帰ってくれないか、と打診をしてきた。一回目は、国民党本部の海外工作班の人であったが、二回目は私の東大の先輩であり、国民党の副秘書長をつとめる林金生氏であった。その後、林氏は内政部長（内務大臣）、つづけて交通部長（運輸大臣）を歴任し、先年、向田邦子さんらをのせた遠東航空の飛行機が墜落事故を起したあと、責任をとって辞められたが、台湾省出身としては、出世頭の方であった。その林氏が私の家へこられたのは四十七年の二月十一日で、私にとっては自分の運命を大きく変える大事な日だったので、気心知れた安岡章太郎さんと中央公論社社長の嶋中鵬二さんに同席してもらった。将来、もし私が台湾へ戻って、金大中事件（当時はまだ発生していなかったが）みたいなことにでもなった場合のことを想定したからであった。

国事犯として首に懸賞をかけられた人間としては、事前の根廻しがあるとはいえ、自らすすんで故国へ帰るのにはかなりの勇気が必要だった。何もしないで日本へ残り、遠吠えでもやっておれば、絹のハンカチが汚れないくらいのことは私も承知している。しかし、私は台湾の経済的安定がなければ、将来は暗いものになるし、その点では、大陸から逃げてきた人も、台湾に昔からいる本省人と呼ばれる人々も共通の利害関係をもっているから、多少なりと経済繁栄のためのお手伝いをし、内部から政策に影響するやり方も、有効な方法の一つではないかと考えた。安岡さんは文士らしい気ままさで、「やめておいた方がいいよ」という意見だったが、嶋中さんは私が帰る決心をしていることを知ると、夫妻でうちの女房を訪ね、「身内のつもりでいますから、困ったことがあったら、何でもおっしゃって下さい」と力づけてくれた。女房は中国の政治の陰惨な面を知っているので、私が台湾へ連れて行かれて、爪をはいで塩水に漬けられるような拷問にでもかけられるのではないかと心配したのである。

しかし、私は天下の情勢がどういう方向に向っているのか、私なりの判断をもっていたので、先行きに対してもう少し楽観的であった。韓国のＫＣＩＡにあたる組織が台湾にもあり、そこの局長の親書を持って副局長が東京の私の家を訪れた。まず帰国する時日をとりきめ、副局長が一足先に帰って、飛行場でどうやって私を迎えるか、段取りをすることになった。予定の日に、私が松山の飛行場でタラップをおりると、百名に及ぶ新聞記者やテレビ記者にワッと取りかこまれた。それから約一週間、私が台湾に滞在している間中、新聞という新聞が見開きで私の行動や経歴の報道をしたので、私はジャングルから帰ってきた横井庄一氏や小野田少尉に負けないくらい有名になってしまった。どこへ行っても私は盛大な歓迎を受け、昼も夜も、高位高官や大実業家たちの主賓になった。二十四年もたてば社会の階層も一変するが、料理屋の地図も一変する。私は知らない人たちから、いままで聞いたこともないような一流の中華料理屋につぎつぎと案内された。かねて風の便りに台北の事情をきいていた私は、「蔣介石が台湾へ遷都してきてやった唯一の善政は、料理の水準があがったことだ」と文章にも書いたことがあるが、台北へ帰ってみて本当に台北が昔と比較にならないくらい料理天国になっているのに改めて感心した。

このことは前にほかのところでも書いたことがあるが、中国は広大なところなので、中原を制したものは事実上、天下をとったことになる。だから天下をとったものは僻地の実力者たちに対しては、なんとか鎮撫使とか、なんとか大将軍の称号をあたえ、その代わりに忠誠を誓わせ、貢ぎ物を献上させることで妥協するのが通例であった。そうでもしなければ、戦争また戦争の連続で、寧日ない一生を送ることになってしまうからである。ところが、毛沢東だけはこの慣例を破り、全国隅々まで軍閥、地主、資本家階級を徹底的に掃蕩したので、いわゆる土豪劣紳は、一にアメリカ、二に香港、三に台湾へと生命《いのち》カラガラ落ちのびた。中国の金持ちたちは、コックや執事を抱えているから、逃げるときは、一族郎党みな連れて逃げる。全大陸の料理が台北という人口二百万の都市に集中して、さながら「小中国《リトル・チャイナ》」の様相を呈するようになったのは以上のいきさつからである。

台北へ行って、街を歩いていると、あらゆる地方料理の看板に出くわす。北京、江浙、広東、四川は中国の四大料理であるが、このほかに台湾はもとよりのこと、湖南、山西、河北、雲南、清真（回教徒の料理）、客家といった地方料理がある。さらにもっと細分すると、潮州、徐州、福州、天津、杭州、桂林など、都市の名前のついた料理店も見られる。こうした料理がなぜ台北市の路地裏に軒を並べているかというと、亡命者が大陸の全地域から流れ込んでいるということもあるが、金持ちのお抱えコックがお払い箱になって、はじめは露店に毛の生えたような見すぼらしい店からスタートし、やがて評判をとってちゃんとした店を構えるようになったからである。台湾へ移って三十何年もたつと、新聞は毎日のように老将軍たちの死を報ずるようになったし、老残の身を生き長らえたとしても、世代も変り、財力も失って、もはやコックを抱えた生活は昔語りになる。世の中が変ると、昔のコックの方が出世して、どちらが主人かわからないような階層の交替も起っているのである。

私が台北へ帰って面白いと思ったのは、役所に行っても、昼寝の部屋があることと、コックがいることであった。役所に長官を訪ねて、「お休みになりませんか？」と寝室に案内されたこともあったが、応接室に円卓を持ち込んで、たちまち宴会場に早変りしたことも何回かあった。澎湖島の要塞司令官に招待されたときなどは、司令部にお抱えコックがいて、ちゃんとした料理を出してくれたのにはびっくりした。もっともこの頃はコックを抱えるよりも有名店からの出張料理が多くなったが、今でも役所の中に宴会場の設備があることに変りはない。

ついでに台北市にある有名店の名をあげておくと、北京料理は「天厨菜館」、江浙料理は「叙香園」「随園」、広東料理は「皇上皇」「馬来亜餐庁」「紅宝石」、湖南料理は「金玉満堂楼」か「湘園」、台湾料理には「青葉」とか「梅子」といったところがある。また台南市に行くと、「阿霞飯店」「度小月」、高雄市に行くと「蟳之屋」（かにの家）というのが私のひいきの店である。

　ほかに海鮮料理といって、水槽の中に生きた魚や海老を泳がしてあって、注文をするとその場でアミですくって料理をしてくれる店もたくさんできたが、料理のテクニックそのものはいい加減なところが多い。そうしたなかで大衆的だが、いつも満員なのが「海覇王」であるが、料理の腕前からいったら、広東式の海鮮料理を食べさせる「海鮮楼」が群を抜いているのではあるまいか。

　しかし、中華料理は、料理屋の料理もよいが、コックを抱えた金持ちの家の家庭料理の方が一枚うわ手であろう。台湾もご多分にもれず、金持ちの階層が激しく入れかわっているから、新入りの成金ではコックを抱えきれない。その点、大陸から移ってきて、いまなお勢力を失わないでいる旧政客の中にはいまでもコックを抱えている人がたくさんある。数年前、他界してしまったが、元駐米、駐日大使で台湾省主席をつとめたこともある魏道明氏の家でご馳走になった料理は素晴しいものであった。そのコックは魏さんの奥さんがアメリカへ行ってしまったので、いまはある銀行の董事長（社長）さんの家で働いている。

コックを雇って精神修養

お抱えコックをもつというのは、古きよき時代のゼイタクの一つであった。日本は戦後、世界的な金持ちの国になったが、富の分配が平均化したので、自宅にコックが抱えられるような大富豪はいなくなってしまった。また大陸では、お金持ちを目のカタキにして全部処刑するか、海に追い落してしまったので、人民に奉仕するコックはいても、個人に奉仕するコックはいなくなってしまった。

ところが台湾へ行くと、古きよき時代の面影がホンの少しだがまだ残っている。コックを連れて歩く習慣は軍閥に多いらしく、兵隊の中に料理の心得のあるものもいるし、それを適材適所に使うとすれば、将軍の食事の面倒をみるということになる。しかも、軍閥の兵士は将軍の私兵だから、上司と部下の関係ではなくて、王様と家来、もしくは雇傭主と使用人という関係にある。だから、封建時代はいざ知らず、二十世紀になってからのどこの国の将軍も、群雄割拠時代の中国の軍閥のボスほど、ゼイタクな食生活を体験した人はないのではないかと思う。

さて、台湾から帰ってきた私は、女房に、「もう僕たちもいい加減な年齢になったから、アクセク働いてもしようがない。何かほしいものがあったらいってごらん」ときいたら、「じゃコックを雇ってちょうだい」といった。西洋料理のコックでは口に合わないから長つづきしないけれど、中華料理のコックを台湾から雇ってきて、少しうち風に訓練すれば、食卓も賑やかになるし、私も少しは楽ができる、と女房はいうのである。昔々、大倉喜八郎が中国からコックを雇ってきた話だとか、福島繁太郎、慶子夫妻がパリにいた時分にフランス料理のコックを雇っていたとかいう話を、雲の上の話みたいにきいたことがあるが、考えてみたら、いまの自分にできないゼイタクというほどでもない。日本の社長さんや文士の人たちは、銀座のバアに行って月に百万をこえる勘定を払ったりしている。私たちはそういう無駄使いはいっさいしないから、そのホンの一部をコックの給料にまわせばよい。ゼイタクとは要するに、一生の間に使うお金の配分をどうするかという問題にすぎないのだから、他人の眼には多少ゼイタクに見えても、自分も享楽し、妻にも楽をさせることができる。

私はすぐに賛成して、台湾でコックの募集をしたところ、予想外に応募者があった。他薦自薦もあるなかで、結局、知り合いの新聞記者が連れてきた軍人あがりのコックを夫婦で採用した。軍隊で炊事に従事したかどうかはきかなかったが、退役後、コックをやったり、自分で小料理屋をやったが、いずれも失敗に終わり、私のところへきたときはバスに乗る金もなく、三十分もかかって中山北路にある私の事務所まで歩いてきた。その夫婦に私の妹の家まできてもらって、台所を借りて料理をやらせてみた。腕はさほどということはないが、教えればなんとかなりそうな気がした。そこで夫婦で東京へきてもらったが、そのあとがたいへんだった。谷崎潤一郎の小説にも「台所太平記」というのがあるが、お手伝いさんを使うのもたいへんな苦労である。コックはもうひとまわり大きなお荷物みたいなものであるから、コックを抱えて大富豪のごとく振舞おうと思えば、かなり広い度量をもたなければならないのである。

まず第一に、たいした腕でもないのに、コックはみな彼らなりに自信をもっているから、なかなかうちの女房のいうことをきかない。「うちの奥様は、お前よりも遥かに腕ききで、東京でも評判なのだから、教えてもらえ」といくら私がいっても、口先では「ハイ、ハイ」と調子を合わせるが、内心では「女に何がわかるか！」と見くびって、いうことをきかない。「この料理は油が強すぎたから、こういうことになるのですよ」「この料理はメリケン粉よりもカタクリ粉の量を多くしないと、パリッと揚がりませんよ」といちいち文句をつけるが、それでもなおそうとしない。しまいにはこちらが台所に立って、目の前で作って見せてやる。実力の差は明々白々であるから遂にはカブトを脱いで、「私の師匠は奥様です。中国では弟子入りするのに衣服を謝礼として持参しますが、私はお金がありませんので、私の服も奥様にいただいております」と心服するようになった。しかし、それまでに凡そ二年くらいの歳月を要した。

第二に、材料を盛んに無駄にする。中国人のコックにはもう一つピンハネをするという悪習があるが、肉屋と八百屋以外は、うちの女房が自分で仕入れに行くから、そのチャンスはあまりない。その代わり、買ってきたものを冷蔵庫に入れたまま忘れてしまうとか、たくさん作りすぎて食べ残すと、そのまま捨ててしまう。コックが休暇で故郷へ帰った月の肉屋の勘定が三万円で、いるときが十五万円だから、他は推して知るべしである。こういう無駄使いをされてもいっさい見て見ぬふりをしなければ、とてもコックを使う有資格者にはなれないのである。

第三に、住込みのコックは夫婦仲がよければよいが、夫婦仲が悪いとなると、そのとばっちりをこちらが受ける。うちのコックの場合は、軍隊にいた頃、近所にあった床屋の女理髪師をからかって夫婦になったのだそうであるが、手に職をもっていても、学校教育は受けていないから、文字も読めないし、初歩的な礼節も心得ていない。お勤めのため三人の子供を母親に預けて出てきたのはよいが、女房の方が威張っていて、私たちに命ぜられた家の中の掃除はやるが、亭主の皿洗いの手伝いひとつしようとしない。その上、ときどき猛烈なヒスをおこし、あるときなどは、私がコックにやったシャツからパンツまで洋服も含めて三十何枚もハサミでズタズタに切ってしまった。またあるときは、スーパーに行って、誰も見ていないのをいいことに万引をしたところ、隠しテレビでキャッチされて警察にひっぱって行かれた。何をきいても、日本語が通じないから、近頃多い夜の女の出稼ぎと間違えられかかったが、財布の中から出てきた名刺をたよりに、私の秘書が呼び出され、やっと翌日になって帰してもらったこともある。さすがにうちでももてあまして早々に帰ってもらったが、帰るとき、うちの女房の洗顔用化粧油の中身をそっくり盗んで、その中にサラダ油をつめておいた。そんなこととは知らないから、うちの女房はサラダ油で何日も顔を洗って、おかしいな、おかしいなと首をかしげたものである。

　第四に、少し余裕ができると、必らず給与条件について闘争をする。故郷へ帰した細君と長女がうまくいかなくて困っていると訴えるから、うちの女房が仏心を起して、東京へ長女を連れて来させた。中華学校に入れてやり、オーバーコートまで買ってやったのに、娘が休暇に故郷に帰る往復の飛行賃を出してくれないといって、私たちを逆恨みした。三年いる間にお金を貯めて、台北にマンションの一室を買ったが、お金が足りなくなって、このままだと払ったお金が流れてしまうと、女房に泣きついた。仕方がないので、銀行を紹介し、銀行のローンが出るまで、うちの女房がお金を貸してあげたら、ツナギに貸したお金まで銀行利息をとったケチな奥さんだと、家へきた人たちにいちいち悪口をいった。とうとうガマンがならなくて、台北へ帰ってもらったが、台北に二年いる間に自分で店をひらいて貯めた全財産をすってしまい、また雇ってほしいと泣きついてきた。そのときは感涙にむせんで、この恩は一生忘れませんと殊勝なセリフを吐いたが、喉元すぎるとコロリと忘れて、この家の奥さんは本当に口がうるさい、男としての面目が丸潰れだとあちこち言いふらして、また帰ってしまった。内情を打ち明ければ、一年間うちにいたおかげで借金がどうやら返せたので、にわかに気が大きくなって、奴隷解放の宣言でもするような気分になったのである。

「ですからね、コックなんかいない方が精神衛生上よろしいんですよ。食べたいものがあったら、私が料理をしますし、私が料理をしたくないときは、一緒に料理屋へ行けばよろしいんですから」

　と女房はいう。女房のセリフをききながら私は『随園食単』の著者袁枚先生がコックについて恨みつらみを書いているのを思い出して、微苦笑を禁じられないでいた。

年と共に変る料理の中身

中華料理は油っこいという先入観をもった人が多い。日本料理に比べて、中華料理の方が油の使用量が多いことは、統計数字を見るまでもなく、すぐにわかることであるが、西洋料理のバターやサラダ油の使い方に比べて多いということはないだろう。

「油っこい」という表現の中には、油を使った料理が多いことと、もう一つ、肉類の料理が多いという二通りの意味がある。揚げ物とか、炒め物とか、油で処理した料理が多いことは事実だし、また油のなかでも、豚油即ちラードを使うことが多いことも また事実である。とりわけ料理屋はラードをふんだんに使用している。どうしてかというと、野菜を炒めるのにも、ビーフンや炒飯を炒めるのにも、ラードを使った方が芳ばしいし、中華料理の風味が出るからである。

しかし、ラードはコレステロールと関係が深く、血液に悪影響を及ぼすという説がますます有力になったので、家庭料理ではラードを敬遠する傾向が強くなり、揚げ物はもとよりのこと、炒め物もサラダ油やゴマ油や落花生油に切りかえる人が多くなった。とりわけゴマ油は補血に大きな役割をはたすと漢方で信じられているから、産後の妊婦の補血食とか、冬の寒い季節の補品（精力増強食）には、ふんだんにゴマ油が使われている。ゴマ油には二種類あって、一種類は日本でよく売られている純正ゴマ油であり、もう一種類はゴマをいっぺん炒めてから搾油した黒ゴマ油である。黒ゴマをしぼったら黒いゴマ油になるのではなくて、炒めてからしぼると、黒い、芳ばしいゴマ油になるのである。

　このゴマ油を使った料理には、麻油鶏とか麻油麺線とかいった家庭料理がある。麻油鶏は、鶏を一羽六切れくらいにぶった切って、黒ゴマ油でまず生薑を炒め、つづけて鶏の塊りを炒める。それに水をさして、ゆっくり煮る。ゴマ油はたっぷりにすること、生薑は大きいのを何切れかに切って入れればよく、これは臭味をとるのと、匂いをよくするためで、食べるわけではない。当帰か枸杞を入れれば、薬臭くはなるが、身体はよくあたたまる。またゴマ油の代わりに、お酒を使ったものもあり、この方は焼酒鶏という。二つとも福建地方の家庭料理であり、台北に行くと、台湾料理屋のメニューに載っている。私がひいきにしているのは、中山北路の六条通りにある「鶏家荘」という店で、この店の鶏肉は骨ごと小さくぶった切ってあり、鶏血といって糯米《もちごめ》を鶏の血でかためて蒸した餅と、さと芋を加えて煮ている。鍋料理の一種だから、四、五人で行って円卓を囲んで食べるのに向いている。

麻油麺線とは、この鍋の中にソーメンを加えて煮たもので、鶏肉を少しにして、ソーメンを主としたものである。鶏のダシと黒ゴマ油の芳しさがまざったものであるから、いつもソーメンというと、冷麦《ひやむぎ》ばかりという人にとっては目先が変ってよろしいし、どういうわけだか、この頃はお中元にやたらにソーメンをもらうので、夏食べきれなかった分を秋風が立ってから消化するのには、もってこいの料理であろう。

中華料理は油を多く使うというけれども、油が多いために、胃にもたれることはほとんどない。たとえば、この頃は東京でも、中国野菜やいままでなかったような新種の西洋野菜がたくさん売られるようになった。通心菜とか、青梗菜とか、韮菜花（ニラの花）とか、生菜（レタス）などは、いずれも油で炒めて食べるが、炒める前に水に三十分くらい浸けて水気があるようにすることと、炒めるときにガスを全開にして強火で炒めれば、失敗することはない。その場合、本当はラードで炒める方がおいしいけれども、私の家ではサラダ油を使っている。通心菜とレタスは、そのままニンニクを使って炒めただけでよいが、青梗菜は干貝柱とよくあうし、ニラの花は豚肉の少し脂身のあるところと一緒に炒めるとおいしい。肉や魚の類を揚げる場合は、最近はラードはほとんど使わなくなり、もっぱら天ぷら油、サラダ油を使うようになった。揚げてそのまま出す料理もむろんあるけれども、揚げてからまた炒めるとか煮るとかいった料理が多いから、油っこさはかげにかくれてしまっている。

それでもなお油っこさが残るとすれば、それは注文した料理に、肉類がかさなって出てきた場合であろう。こういうことは、私の家でも、メニューをコック任せにすると、ときどき起こる。中華料理屋に行くと、もっと頻繁に起こる。どうしてかというと、社会全体が貧しくて、食糧の不足した時代には、肉類は貴重な蛋白源であり、上等で高価な料理は、牛肉、豚肉、鶏肉、その内臓の類と考えられていた。だから、たとえば、私の家で精進の炒麺を食べたいと思って焼きそばをたのむ場合でも、予め念を押しておかないと、豚肉の量がそばの量より多い焼きそばが出てきたりする。まして料理屋は高いお金をいただこうとすれば、肉類の料理に重点をおいたメニューをついつい重ねてしまうから、三品、五品と似たような料理がつづくと、たちまち胸がつかえてしまう。東京の一流中華料理屋ではさすがにそういうことは少なくなったが、地方都市に行くといまでもそういうメニューの作り方をするところが残っている。

その点、私はメニューはすべて自分で作っているので、肉ばかり重なるということはまずない。また牛肉と家鴨の肉が出ることがあっても、片一方が炒めた料理だとすれば、もう一方は、オーブンで焼くとか、油で揚げた料理になって、調理法がまったく違うから、重なったという感じはしない。それから自分でメニューを作るとすれば、自分の食欲に合せた料理を選ぶことになるから、年をとるにつれて嗜好も変ってきており、いつの間にか豆腐とか野菜とか湯葉とかを主材料とした料理が多くなってしまった。

たとえば、二十年前に自分で作ったメニューと昨今作っているメニューを比べると、これでも同じ中華料理かと首をかしげたくなるほど内容が一変している。まずオルドーブル一つ例にとっても、二十年前は牛肉、牛舌、牛レバー、豚の胃袋、叉焼、鶏のテバ、鶏のキモといった、肉の煮込みを盛んに使った。しかし、最近では、皮蛋拌豆腐とか、涼拌干糸とか、蛋白銀芽とか、魚仔花生とかいったものに一変してしまった。ピータンと豆腐をあえるとか、豆腐干（堅豆腐）を糸状に切ってセロリー、唐辛子とあえるとか、卵の白身を焼いて千切りにしたものとモヤシを炒めるとか、ナマの落花生をいったん油で揚げて、小女子《こうなご》を同じく油で揚げたものと混ぜ合せて炒めるとかいった小菜ばかりである。それにカラスミを焼いたものか、青島牛舌といって、牛タンを青島風に塩漬けにして茹でたものを薄切りにして四皿に分けて、俗にいう四拼盤にして出すのである。

つぎにスープはフカのヒレか、ツバメの巣か、トウガンが多くなったが、三品目くらいにはほとんど必らずのように、煎素鶏という湯葉の料理を出す。素鶏の素は精進という意味だから、鶏という名がついているけれども、本当は湯葉をフライパンで裏表、油で焼いたものである。まず干椎茸を水で戻して軸をおとし、油で両面をキツネ色になるまで焼く。これを戻した水に醤油、化学調味料を加えて十分間ほど煮て繊切りにする。つぎに干えびをきれいに洗って少量の水で戻し、油で焦げないようにカリカリに揚げてからミジン切りにする。湯葉を広げて、椎茸の煮汁を塗り、柔かくなった湯葉の上に椎茸をパラパラとのせ、その上から干えびの粉になったのをふりかけてから巻き物にする。フライパンを熱くしてから油を多目に入れ、油が熱くなってから湯葉巻を入れて両面焼くと、適当に柔かく、適当に歯ごたえのある煎素鶏ができあがるのである。いつかこれを一口かんだ途端に、安岡章太郎さんが、「邱家の料理は昔の水準に戻ったようだな」と叫んだことがあった。

大宴のメニューは自分でつくる

安岡章太郎さんが、「邱家の料理は昔の水準に戻ったようだな」といったのは、安岡さんが久しぶりに私の家で食事をしたせいもあったが、私の家のメニューがすっかり内容を一新したこととも関係がある。

私の家では当日のメニューを色紙に書き込んで、招待客に署名していただいているのは、記念にとっておくという意味もあるが、誰がいつどんなメニューで食べたか、またその日のメニューの中で誰が特にどの料理を気に入ったか、記録に残しておくためでもある。

たとえば、安岡さんが一番気に入っているのは、豚の三枚肉と八ツ頭をサンドウィッチにして蒸した紅焼芋頭扣肉だから、安岡さんが来られたときは、十五品くらい出る料理の中に必らずこの一皿は出すようにしている。八ツ頭のない季節にはやむをえず、他の料理に変ってしまうが、そういうときでも、菜花羹というカリフラワーの花のところだけ削って、卵の白身をかきたてて使ったスープだとか、玉蘭筍といって、メンマを柔かく煮込んだものを出す。

メンマというのは干筍のことであり、ラーメンの中に幾切れかポツンポツンと入っている。いつの頃からラーメンにメンマが入れられるようになったのか、なぜメンマが選ばれたのか、そのへんのところはいまもって不明だが、とにかくメンマが使われるようになったおかげで、ラーメンの普及とともにメンマの需要もふえ、日台貿易のなかでメンマが有力商品にのしあがったのである。

筍は、日本では春のものときまっているが、台湾に行くと年柄年中というわけにはいかないが、いろいろな種類の筍があって、つぎつぎと出てくるので、筍の食べられる季節が長い。同じ筍でも、女の纏足のように小さくて可愛らしいものもあれば、一メートルにも及ぶようなデッカイものもある。ラーメンの中に入っているメンマは麻竹からとれるお化け筍を干して塩漬にしたものである。玉蘭筍というのは、メンマのなかでも筍の先の柔かいところだけを選んで干したもので、普通のメンマがカンピョウのように長いのに対して、幅が三センチ、長さがせいぜい五センチくらいの大きさに切ってある。筍のたくさん産出される台湾の南投県とか花蓮県の山の中を旅行すると、「山産」と看板の出ているお店でよく売っている。

私たちは渓頭という台湾大学の農林試験所のある公園の中にある招待所（ゲストハウス）で夕食の食卓でおいしいのに出あったことがあり、以来、ひいきにするようになった。山の中の干筍は鄙びた素朴な味の山菜にすぎなかったが、干筍は豚肉とよくあい、豚肉の白身と赤身がまじったところと一緒に煮込むと、なんともいえないおいしい味になる。玉蘭筍もメンマに変わりはないから、同じように豚肉の塊りと一緒に長い時間をかけて煮込むが、私の家で食卓に出るときは、柔かく煮あがった干筍の方だけしか皿に載せて出てこない。

　あるとき、この玉蘭筍を出したら、「うまい、うまい」といって安岡さんにほめられたので、「本当はこんなに大きな豚肉が一緒に入って煮込んであるんだけど、今日はみなお年寄りだから、肉の方は出さないんですよ」と説明したことがあった。そうしたら同席したお客たちが、「豚肉の方はどうするのですか。食べられないのですか」と口々にきく。確かその夜のお客は、赤札堂アブアブの社長小泉一兵衛夫妻、駐フィリピン大使沢木正男夫妻、それに組織工学の糸川英夫先生であった。

　私は干筍と一緒に煮込んだ豚肉はおいしいものだけど、皆さんには食べさせないんだ。コレステロールの心配をされるような方は筍の方だけで我慢して下さい、とくりかえした。「じゃどうするんです。まさか捨ててしまうわけじゃないでしょうね？」

と念を押すから、「実は明日、もう一回、二次会をひらいて、二十代から三十代の若い友達を招んで、肉の方は消化してもらうことになっているのです」と種明かしをして大笑いになった。

干筍もそういう処理の仕方をするが、大根のスープも同じように、表料理と裏料理がある。この方は豚肉の代わりに牛肉の塊りを使ってダシをとる。大根を短冊に切ったものを入れてゆっくり煮ると、大根に牛肉のダシの味がしみこむ。これに塩で味をつけて、大根が入っただけのスープを出すのである。

いつか親しい友人が、「このスープ、おいしいですね。おかわりしてもいいですか」ときくから、「もちろん、いいですとも」といったら、自分で吸物椀を持ってさっさと台所に入っていった。戻ってきて、「わあッ。びっくりした。大きな牛肉の塊りが入っているんですね。おいしいのも道理で、元手がかかっているんですね」この牛肉はダシをとったあとだから、パサパサして味はないが、切って蠔油（カキのソース）をつけて食べれば結構おいしく食べられる。これまた翌日のヤング向きということになる。

私の家では、宴会の種類を大雑把に大宴と小宴に分けている。大宴といっても、三十人、五十人呼ぶ宴会のことではない。三十人、五十人招ぶこともたまにはあるが、そういう人数になると、台所の設備も間に合わないし、テーブルの置き場もないから、どうしても立食になる。私は立食もセルフサービスも苦手の方だから、目の届く範囲でサービスの行き届いた食事が行なわれることを理想としている。だから大宴も小宴も、十二人で坐れる一卓以内の人数に限られている。両者の違いは、大宴の場合はメニューを私がつくるのに対して、小宴の場合はメニューづくりを家内かコックに任せているところである。

メニューを自分でつくるか他人に任せるかは一見なんでもないようだが、信じられないくらい大きな違いになる。家内に任せた場合はまだいくらかましだが、コックに任せるとまったく程度の悪いものができてくる。どうしてかというと、まずコックはお客の食欲に合せてメニューを組むよりも、台所の鍋釜の都合に合せて料理をつくりたがる。だから油を使って何か揚げたら、つぎも同じ鍋でできるものを考える。したがって、似たようなものができてくる可能性が強いのである。第二に牛肉、豚肉、鶏肉、モツなどとやたらに肉類の料理をつくりたがる。動物蛋白の多い料理ほどご馳走だという貧しい社会の先入観がしみこんでいるから、年輩者の多い食卓にもカロリー過剰のメニューをつくってしまうのである。

その点、私が自分でメニューをつくると、まずお客の食欲を考えて料理の種類をきめる。食欲優先だから、コックの都合など頭から無視してしまう。はじめにあんまりうまいものを出してはならないし、重いものを出してもいけない。西洋料理は、スープは胃袋がいっぱいになるからといって、最近は三つ星のレストランでもスープを出さない店がふえたが、私の家では必らず二回は出す。オルドーブルのつぎに一回と、最後の方で一回、胃袋の中のおさまりをよくするためである。また最初のスープのすぐあとには、揚げ物とか、家鴨とか、ハムとかアワビのようなものを出す。次に豆腐の料理が出てくる。やや胃袋が満杯に近づいたところで、今度は胃袋を刺戟するために唐辛子かカレーを使った一品が出てくる。四川風の家郷回鍋肉というピーマンと豚肉を炒めて豆瓣醬《トウバンジャン》という辛い醬で味つけをしたものとか、小粒の青い辛子で炒めた小海老などは、口に入れた途端に目が醒めてしまう。そのあとでアスパラとか青梗菜とかニラの花を炒めたものを出し、さらにスープで口をすすぐようにすると、胃袋の中で、いままで食べてきた料理が落着くのである。第二に私は材料の値段によって料理の区別をしない。一皿の材料費が五万円かかる料理も、五百円でできる料理も、私の家では同格で食卓に出てくる。どうせ料金をいただくわけではなし、おいしくてお客さまに満足していただきさえすればよいからである。

宰相夫人佐藤寛子ミニおばさん

歴代宰相のなかで、私が割合に好感をもったのは佐藤栄作さんである。佐藤さんとは、佐藤さんが造船疑獄から政界に返り咲いて第二次岸内閣の大蔵大臣になったとき、新聞社に頼まれてインタビューをしたのが初対面であった。つぎに会ったのは、四国の徳島に向う水上飛行機の中で隣り合わせに坐ったときだった。日清食品の安藤百福社長が佐藤さんと親交があるときいていたので、「安藤さんと親しいそうですね」ときいたら、「そうなんですよ。しばらく会わないけれど、どうしていますか？」ときかえされた。「チキンラーメンというインスタント食品をはじめましてね、うまくいっているようですよ」「そりゃよかった。よろしくいって下さい」そんなとりとめのない話をして別れたが、その晩、徳島の宿に泊ってテレビのスイッチをひねったら、社会党の浅沼稲次郎委員長が刺客にあって殺されたニュースにぶつかった。だから正確な時日は年代表をめくればすぐにわかる。

第三回目は佐藤さんが宰相をおりられてからであった。佐藤内閣は七年八ヵ月もつづき、その間、私は特に用事もなかったし、時の権力者に会うのはなるべく遠慮したい気持が強い方だから、いっぺんも一緒にならなかった。あるとき、中曽根康弘さんが私に、「邱さんは株式予想の名人だが、総裁選挙はどう予想なさいますか？」ときいたので、私は、「中曽根さん。佐藤栄作という人は、人事のうまい人だから、あなたの予想するより総理大臣としての寿命の長い人ですよ」と答えた。「なるほど」と中曽根さんは頷いたが、はたして私の返答をどう受けとったか。一、二ヵ月もすると反主流派の一方の旗頭である中曽根康弘が入閣して主流派と協力体制に入ったことが新聞に報じられた。風見鶏などと悪口をいわれているけれども、中曽根さんに、風見鶏以上の高感度のレシーバーが備わっていることは確かだと思う。

私が三回目に佐藤さんにお会いしたのは、日中航空協定が調印されて、内台航空路を日航も中華航空も飛ばなくなってからであった。時の宰相田中角栄も外相大平正芳も、中華人民共和国一辺倒になっていて、台湾側の代表と会おうとしなかったので、私は外交関係はともかくとして、飛行機だけでも再開するように佐藤さんに特使として台湾へご足労願えまいか、と頼みに行った。代沢にある佐藤邸に伺ったのは後にも先にもこの一回きりで、私が佐藤さんに要件を述べると、「僕の兄貴か、僕のどちらか、だろうね」という。私は、「いや、岸さんでなくて、佐藤さんでないと駄目なんです」と念を押した。岸さんは蔣介石さんとつきあいがあって、しょっちゅう台湾に行っているが、台湾の人たちに人気のあるのは弟の方である。同じ兄弟でも微妙なニュアンスの違いがあるし、佐藤さんは中華民国の国連代表権についても、終始一貫して賛成票を投じている。田中さんのように君子豹変したりしてはいない。だから台湾では、「田中」という駅名まで変えようという議論が出たくらいだが、佐藤さんの悪口をいう人はいない。

佐藤さんはすぐその場で安請合いはしなかったが、間もなく蔣介石が他界し、その葬儀に参列するついでに、蔣経国とも会談をする機会をもった。やがて日台航路の再開が具体化し、人民政府と台湾政府の飛行機が成田で鉢合わせするのは具合悪いという配慮から、中華航空だけ羽田に残るという特別の措置がとられた。「人間万事塞翁が馬」というが、羽田に残ったおかげで、サービスの悪い中華航空が便利さを買われて繁盛しているのだから、世の中、何が幸するかわかったものではない。

しかし、佐藤さんは、そのときはもうこの世にいなかった。その前年、ノーベル平和賞をもらい、ご本人は至極ご満悦だったが、ジャーナリズムからはさんざ皮肉られた。新聞に悪態をついて退陣したいきさつからみてやむをえないことであるが、公平にみて、戦後宰相の中では名宰相の方に属する人であろう。少なくとも金権政治を表面に押し立てた人だとか、本をまったく読まず、ゴルフ三昧にふけって未来に対するビジョンなどひとかけらもない人よりは、数等上であることに間違いはない。

佐藤栄作さんにはとうとう家へ来てもらう機会がなかったが、元宰相夫人の寛子さんには、何回かおいでいただいた。どうしてかというと、私は新聞雑誌に出てくる佐藤夫人の言動に好意をもっていたからである。栄作さんの戒語によると、「言葉の多き。口のはやき。さしで口……」ということらしいが、鉄道省出身の野暮ったい宰相に金時の腹掛けのような太いネクタイをさせたり、自分が膝上三センチのミニスカートをはいて話題をまいた夫人は、その頭の回転のよさや早とちりのところが何とも愛嬌があった。おそらくこの奥さんがいなかったら、佐藤さんの人づきあいはもっとギクシャクしたものになっていたのではないかと思う。

『週刊朝日』に連載された「宰相夫人秘録」は、その意味で最も寛子夫人の面目を躍如とさせたものであるが、単行本になると私はすぐに買ったし、あとから署名入りの著者本もいただいた。中に出てくるエピソードの中でも傑作は佐藤家に出入りした政治家たちの話で、たとえば女のように長い髪毛にピンクの上着をきたジュリーに、軽井沢で中曽根さんが、「きみは、なんて名前ですか？」「ジュリーです」「しかし、きみ、本名があるだろう。親がつけてくれた名前が……。きみも男なら無法松の一生の三船敏郎みたいに勇ましく太鼓でもたたいたらどうかね」といった話。それから同じく軽井沢の別荘に訪ねてきた郵政大臣に成りたての三十九歳の田中角栄と車に同乗したら、外ばかり眺めてロクに話もせず、突然、〽ころはア元禄ゥ十四年……、と浪花節をうなり出した。それからいくらか打ちとけてやや饒舌になり、「私は十九歳で結婚しました。あなた方のような結婚をすれば（佐藤氏と佐藤夫人は六歳違い）、十二、三歳の少女を選ばねばなりません。だから、私は年上の女房と一緒になったのです。私は、人よりすべて十年早いんです。だから十九歳のとき付き合う相手は二十九か三十近い人、自分が二十代のときは四十代の人と付き合うというわけですよ。ハッハ、ハ、ハ……」すかさず佐藤夫人が切りかえした。「なんでも十年早いということですと、大臣、人より十年早く亡くなることになりますね」「ウーン。やっぱりそうなりますかなあ」と田中さんが無表情に頷いたという話などは、きいているだけでおかしさがこみあげてくる。

そういう政治家の言動をよく観察している人だから、楽しい人でないわけがない。一回目に来られたのが昭和五十年九月三十日、前宰相が亡くなってから三ヵ月あまりのちのことであった。ご主人亡きあとを慰めてあげたいという気持もあってのことであるが、長男の龍太郎夫妻とご一緒に現われた寛子夫人は、ご主人の死から幾分気をとりなおしており、最初はやや神妙だったが、酒を飲むほどに口が軽くなり、

「もう再びホワイトハウスに招待されることもありませんから、本当のことをいいますけれど、あそこのお料理はおいしくございませんのよ」

　何でも思ったことはズケズケいうし、息子さんには酒を飲みすぎて正体を失うようなことはしていけません、と注意をあたえながら、自分が飲みだすと止まらなくなって、たちまち「言葉の多き、口のはやき」がはじまるのである。

　もう一回は、森英恵ご夫妻と同席のときであった。寛子夫人は、パリやニューヨークでも知られたハナエ・モリさんと仲好しで、ミニスカートの震源地も、もとはといえば、ハナエ・モリさんである。このときは、阿川弘之夫妻と、日本オイルシール会長の鶴正吾夫妻もご一緒であったが、大きな素晴しい胡蝶蘭が花屋から届いたのは、お約束した日の一週間前のそのまた前日であった。私は気の早い寛子夫人のことだから、ひょっとして一週間間違えて、つぎの日に来るのではないかと、あわててそれとなく電話をかけたら、「わかってます。わかっています」と口早やに答えたが、本当はやっぱり勘違いしていたのではないかといまも疑っている。それくらい早とちりの人だが、あんな愉快なミニおばさんなんてまたといないのではないかと、いつも思っ

ている。

〝食通知ったかぶり〟紳士録

世に「食通」と呼ばれている人たちがある。私などもよくその中に入れられているが、「食通」とは食いしん坊のことをいうのだろうか、それとも食べ物について造詣が深くて、あれこれ講釈すべき知識をもっている人をいうのであろうか。もし前者のことをいうのなら、自分はそうだと思う人は多いに違いない。しかし、半可通が通人のごとく振舞うことをいうのなら、「食通」の肩書きは遠慮したいと考える人はもっと多いに違いない。日本語の「食通」には、そうした微妙なニュアンスが漂っているので、食べ物のことを書く場合でも、なんとなく気恥しい思いをする人が多いのである。丸谷才一さんが『文藝春秋』に食べ物の話を書いたとき、わざわざ「食通知ったかぶり」という表題にしたのも、そうした心理状態を反映したものであろう。

この連載がはじまったとき、私はすぐにとびついて読んだところ、一回目に「神戸の街で和漢洋食」という話が出てきて、読みすすんでいくうちに、突然、私の名前に出くわした。

「別館牡丹園の料理があまり気に入ったので、その夜わたしは宿に帰ってから、また広東料理のことを考えた。今度は文明論的というよりもむしろ文学的なことで、というのは、いつか邱永漢氏の『食は広州に在り』で読んだ、宋の大詩人、蘇東坡のことを思い浮べたのである。(この邱氏の本は名著である。戦後の日本で食べもののことを書いた本を三冊選ぶとすれば、これと檀一雄氏の『檀流クッキング』と吉田健一氏の新著『私の食物誌』ということになろう。)」

私は思わぬ人が思わぬ本を読んでいるものだな、とびっくりしたが、選ばれた他の二人とも、私の家へ見えたことのある人たちであるのに偶然ならぬものを感じた。私の『食は広州に在り』は龍星閣という変った本屋さんから出版されたものであり、発行された部数からみても、多くの人々の目にふれているとも思えない。ただどういうわけだか、食べ物の随筆集を編集する企画があるたびに、いつもこの中の一章か二章が必らず再録されてきた。丸谷さんの文章を読むと、ちゃんと龍星閣版の本で読んでいるらしいのである。

私は嬉しくなって、一夕、丸谷夫妻を我が家に招待する気になった。丸谷さんはよほど電話嫌いとみえて、住所録に電話番号を載せていないので、連絡するのに手間どったが、昭和五十年三月九日に、ご夫妻で私の家に見えた。その夜のお客は、團伊玖磨夫妻、青井忠雄夫妻、嶋中鵬二夫妻、それに糸川英夫先生であった。玉蘭筍が出たし、スイスのホンデューに似た山鶏鍋（キジ肉の油揚げ）が出たし、茶烟鯧魚（マナガツオの紅茶燻製）も出た。丸谷さんが一番気に入ってくれたのは、素餃子といって、肉を使わずに、小松菜と筍と椎茸を包んで蒸したギョウザであった。

それまで私は丸谷さんとは面識がなかった。なにしろ文壇の集まりにはいつもズボラをして、丸谷さんが「年の残り」で芥川賞を受賞したときも顔を出さなかったので、作品の上でしかお目にかかったことはない。しかし、『たった一人の反乱』は面白かったし、エッセイなど読んでも、博覧強記のさまがうかがわれる。なによりも、角度のよさというか、視点にユニークさがあると思った。

この晩の集まりがきっかけになったのかどうか知らないが、間もなく中央公論社から『食は広州に在り』を中公文庫に組み入れたいと申し込んできた。私は丸谷さんが『文藝春秋』で推薦してくれたのだから、解説は丸谷さんにお願いしてみてくれと頼んだ。やがてできあがってきた文庫本のうしろについた解説を見ると、私が想像もしていなかったような角度から、私の本の内容が指摘されていた。丸谷さんは、「邱永漢は亡国の民である」「国が亡んだとて、そんなことくらゐ何でもないではないか。

大事なのは個人がこの一回限りの生を楽しむことで、それにくらべれば、植民地がなくなろうと、国土が占領されようと、軍隊が消え失せようと、財閥が解体されようと、どうでもいい話ではないか。彼はさういふ趣旨の手紙を、亡国の民の先輩として、われわれ後輩に書きつづけたのである」と書いていた。事実、私が『食は広州に在り』を執筆した当時は、パスポートも持たず、生まれ故郷の台湾へも戻れず、さまよえるユダヤ人のような心境であったから、それがそのまま文章の上に現われていたのであろう。

ちょうどこの文庫本が出された前後から、食べ物の本がよく読まれるようになり、私の一連の食べ物についてのエッセイはかくれたベストセラーズとでもいうか、一回の再版が二万冊とか二万五千冊とかいった調子で売れるようになった。私は戯れに、「まさか食べ物の本を書いて、飯が食べられるようになるとは思わなかった」といったが、食べ物の本が売れるからといって私がその道の専門家になったわけではない。食べ物の話は、食べることに情熱をもった人たちが楽しみながら書くべきものであって、料理人の料理の本ではないのである。だから「食通」と呼ばれることには抵抗があるし、朝から晩まで、年柄年中、食べ物の話を書かされることも潔しとしない。現に私がこの文章を書いているのも、日本経済新聞に「食指が動く」を連載しはじめたのも、数えてみれば、実に二十年ぶりなのである。

食べ物に情熱をもち、千里の道を遠しとせずして美味を求めて食べに行く人のことを、中国語では「食家」という。「食家」は食べることについて研究心のある人のことであるが、これは専門的な職業ではない。したがって「食家」になって、飯が食べられるようになってはいけない。本を書いてよく売れて生活の足しになるくらいはご愛嬌でよろしいが、それが本職みたいになると、だんだん見苦しくなってしまうのである。

「食家」には「食家」を知るというようなところがある。どうせ料理をして人をご馳走するなら、料理を心から賞味してくれる、味のことのよくわかる人をご馳走したいと思うのも、人情である。だから長い間に、私の家へ招待した人たちを数えあげていくと、世間から「食通」として遇されている人たちも多くなった。「食通」ばかり集めてご馳走するわけではなくて、バラエティを考えて、なるべくお互いに職業の違う、ふだん一緒になる機会の少ない人たちに集まってもらう。その中に一人か二人、料理にうるさい人が加わると、俄然、食卓に活気がみなぎってくるのである。

我が家にご招待したお客の中で、食べ物について名著をかずかず書いておられる方は、前記の丸谷才一さん、團伊玖磨さんのほかに、荻昌弘さん、開高健さん、友竹正則さん、辻静雄さん、松山善三、高峰秀子夫妻、古波蔵保好さん、角田明さん、玉村豊男さん等々、いつの間にか、日本国中の「食家」たちを網羅するようになってしまった。

これらの人々の中には病こうじて遂に台所に立つようになった人もある。またテレビは実演を重んずるから、料理をさせないと気がすまず、それぞれの人にエプロンかけさせてテレビ・キッチンに引っぱり出したりしているが、「食家」と「料理人」は違うものだと思う。料理人はごく最近まで職業的地位の低いものであったが、食が重んじられるにつれて次第に地位が向上してきた。ヨーロッパでも、三つ星のレストランのオーナー兼シェフは、雑誌やテレビに登場するようになっている。それはそれで結構なことであるが、「食家」の方はいってみれば、消費者代表のようなものであるから、地位が問題になる立場ではない。地位があるとすれば、音楽家とか作家とか評論家としての地位であって、それぞれの本職とかけ離れたところで、カンカンガクガクするところに面白さがあるのである。食いしん坊に共通の傾向は、本当のことをいうことで、料理人にきこえないところで、まずいものをうまいという人は一人もいないのである。

紅焼大網鮑と砂鍋大排翅

シロウトからはじめて、クロウトはだしの料亭になったお店は少なくない。私の知っている範疇でも、京都の「雲月」がそうだし、台北の「馥園」がそうである。双方とも女性だけでやっているのが共通しているし、片一方がおかあさんを引き込んでいるのに対して、もう一方は妹たちを引き込んで、自分たちなりの創意工夫をこらしているのも共通している。食いしん坊はどこがうまいかをよく知っていて、「歴史をもっている」とか「世間によく知られている」とか、そんなことにはまるでこだわらない。うまくて、雰囲気がよくて、サービスもよくて、そのうえ値段も合理的であれば、お客はどんどん押しかけて行く。いまあげた二軒は、三つ目まではよろしいが、お値段のところまでくると、残念ながらサラリーマンがサラリーをもらった日にだけ出かけて行くということになる。

料理屋を女だてらに開こうと考える人には、ソロバンのセンスもあって、一握りのエリートしか相手にしない。「馥園」の紅焼網鮑はなかなかよくできていて、香港の「福臨門」にも劣らないが、一人に一個のアワビが千三百元というから、一個約八千円になり、十二人で一皿食べただけで、十万円になってしまう。だから、アワビが出てきただけで今夜の料理はお金がかかっているぞということになるが、アワビを注文しなければ、一人前だいたい千元（一元＝六円）だそうである。日本の基準からみたら、約四分の一か、五分の一だから、やはり中華料理は日本料理に比べると、割安ということができよう。

私の家は、一見《いちげん》さんは来ないし、そもそもお代はいただかないのだから、料理の値段の心配は要らない。お客をするといっても、多くて月に三回か四回だから、いくらゼイタクな材料を使っても元は知れている。しかし、私の家ではよく紅焼網鮑も出すし、砂鍋大排翅も出すし、燕窩羹も出す。アワビは、日本料理でも、もちろん、高級料理に属するが、日本料理のアワビは生のアワビであり、値段は高いうちに入らない。料理の仕方も、生のままぶった切りにして食べるか、酒蒸しにして、ワサビ醤油で食べる程度である。

ところが、中華料理になると、アワビは干したものを戻したものでないと、最上品とは考えられない。生のアワビをレタスと炒めることもあるし、罐詰のメキシコ産のアワビを代用することもある。しかし、アワビの本当の味は干物のアワビにあり、大きなアワビを天日で干すと、トコブシほどに縮まってしまう。横浜中華街の中華材料店に行くと、この干鮑が二十個から三十個一キロくらいのもので、キロ当り七万円で売っている。五つで一キロくらいの大きさになると、ダイヤモンドの値段と同じようにグンと高くなって、三倍くらいにはねあがる。だから一人一個ずつつくろうと思うと、アワビの代金だけでも、一皿で五万円以上になる。それも買いに行くたびに少しずつ値上りをしているので、「高い、高い」と文句をいったら、「でも、お客さん、このアワビは身体によいですよ」と中華街の商人にいわれたことがある。「身体にいいわけないじゃないか。値段きいただけでも、身体に悪いよ」といいかえしたら、向うも一緒になって笑い出してしまった。

漢方では、「アワビは目によい」ということになっている。暗い海の岩の間を這いまわっているところから連想したものかもしれないが、アワビも貝柱も、目がかすみはじめる年齢にはよいとされている。私たちは見ただけでも目に毒と思っているが、おいしいからよく食べる。どうして干した鮑魚が貴重品扱いされるかというと、貝柱やスルメと同じく、鮑魚は太陽の光を受けると、イノシン酸ソーダを生じて、ナマのときとは違って、一種えもいえない美味に変るからである。

干鮑魚を戻すのはたいへん面倒な料理であるが、参考のために記すと、つぎのようなことになる。まず一人一個として人数分だけの干鮑魚を水に浸けて一晩おく。つぎの日、鮑魚をとり出して水洗いをしてよごれをおとし、浸けた水は捨ててしまう。鍋に水を入れて鮑魚を約三十分、中火で煮、蓋をしたまままた一晩おく。つぎの日、この鮑魚を深い皿の中に残ったおつゆごと入れかえ、その上に豚の肩脂を約一センチの厚さに切ったものをかぶせ、また生薑を薄切りにしたものを加えて、蒸籠で八時間蒸す。柔かくなった鮑魚に斜めに賽の目に包丁を入れ、一切れを横に二切れに切る。これに醤油もしくは蠔油（カキのソース）で味つけをするが、私の家では醤油を使うことが多く、醤油に少し片栗粉をまぜて、できあがりがトロリとしたあんかけ風にしあげる。鮑魚の下地は、野菜を強火で炒めたものを使うが、一番よいのが豆苗（グリーン・ピースの若い葉っぱ）、つぎがホウレン草、でなければ小松菜であり、青いものの上にアワビをのせると見映えがする。

以上のように、つくるのに少なくとも三日間はかかり、そのうえ、一皿が十万円の料理だから、普通の中華料理屋に行ったのでは、めったにお目にかかれない。どうしても食べたいときは、予め注文をしておけば、おそらく東京の中華料理屋で二軒や三軒くらいはこの料理をつくってくれるところがあるだろう。

もう一つの魚翅は、いわゆるフカのヒレで、中華料理の中でも最高峰の料理であるが、まず一口にフカのヒレといっても、どこのヒレか、またヒレの状態によって値段がまるで違う。産地も全世界の海に及び、アフリカ産の黄沙群翅、インド・ボンベイ産の西沙群翅、毛沙群翅、蝴蝶青翅、日本産の珍味群翅、牙棟翅、沙婆翅、黒沙翅、牛皮沙翅、白翅、海虎翅、西インド産の軟沙群翅、黄膠翅と各種各様である。背ビレが見事なのもあれば、尾ビレの大きいのもあり、大翅と称して、ヒレの形のまま料理して出すフカのヒレの料理は、一人前で五、六千円はとられる。そういう大翅の材料になるフカのヒレはアフリカ産、インド産が多く、日本産は量は多いけれども形が小さいため、中級料理に使われるか、でなければ散翅と称して、スープの中に出てくる。

　フカのヒレの戻し方も、鮑魚に劣らず手間がかかる。まず水につけてよごれをとり、ついでお湯で約三十分くらい煮る。しばらく蓋をしたまま冷めるのを待って水洗いをして砂をよくおとし、竹簀《たけす》の上に並べて三時間ほど煮て、その水を捨て、さらに新しい水でまた三時間煮る。これをきれいな水の中に一晩つけると、白い透きとおった魚翅ができあがる。ついこの間も、バンコックのチャイナ・タウンの魚翅専門店へ行ったら、この方法で、フカのヒレを煮ているのにぶつかった。しかし、こんな手間のかかることは最近では省略され、途中まで加工されたものを買ってきて、一晩水につけて、よごれをおとし、お湯で約一時間煮てからそのままもう一晩放置する。フカのヒレのままでは別に味はないので、鶏のスープで調理をするが、私の家では、ヒレそのものを調理する前に、油の中に生薑と葱を一本二、三切れに切って入れ、フカのヒレを軽く炒める。悪臭があとにのこらないようにするためである。それから、土鍋に鶏を一羽ごと（内臓を取ってきれいに洗ったものを）入れ、フカのヒレを周囲において水をさし、あと十時間くらい蒸籠にかけてゆっくりと蒸しつづけるのである。

　もしこの通りやらずに、手間を省こうとすれば、蒸器にかける代わりに、土鍋をじかに火にかければよいが、その代わり、中のスープが強火のために濁ってしまう。うちのコックはよくこの手でごまかそうとするが、「今日はじかに火にかけたな」というと、たいてい舌を出している。味つけは塩味がよく、醤油は使わないこと。せいぜい好みによって少し胡椒をふりかけるくらいで充分間に合う。

　大きな土鍋に入れて出てくるこのフカのヒレのスープを、砂鍋大排翅と呼ぶ。台北市の「天厨菜館」で出るこの料理は一品だけで四千元するが、四千元あれば、十二人で料理が一卓食べられる値段だから、安いともいえない。邱飯店のメニューには、以上二つの料理がよく出てくるから、いちいち代金をちょうだいしていたら、そのうちにお客は誰も来なくなってしまうかもしれない。

『邱家の中国家庭料理』楽屋話

料理に興味をもち、料理にこると、それが昂じて料理屋になったり、料理の先生になってしまったりする。私たちにもその誘惑はあったし、現に私の姉臼田素娥は、料理のうるさい家に生まれたばかりに、とうとうＮＨＫや『主婦之友』で料理を教える料理研究家になってしまった。

私が『食は広州に在り』や『象牙の箸』を書いた頃、実はうちの女房にも、放送局や出版社から盛んに口がかかった。最初の頃は、頼まれて断わるのも悪いと思って、何回かテレビに出演したこともあった。しかし、女房は広東生まれで、まさか将来、東京で生活するようになるだろうとは予想もしていなかったので、日本語は勉強しておらず、東京へ来てから、見様見真似で覚えた片言の日本語だから、人前に出て喋るのがしんどい。だからたいていはお断わりしたのだが、うちにいたお手伝いさんのなかで目立ちたがるのがいて、女房が断わるのをきくと、「奥様、大丈夫ですよ。私がついて行きますから」と盛んに煽動する。とうとう女房もその気になって、あるとき、ＮＨＫの料理番組に出たことがあった。

アナウンサーが料理をしている女房のそばに立って、早口で何かきく。きいてわからないわけではないが、外国語で答えるとなると、答える言葉をさがすのに少し時間がかかる。女房がぐずぐずしていると、お喋りのお手伝いさんが代わりに答えてしまう。シドロモドロしているうちに、あと三分、あと一分、あと三十秒というシグナルが目の前に出てくる。慣れない女房はあがっているうえに、あのシグナルを見ると心臓が止まりそうになり、「もう駄目」といって、以後は誰がどういおうとテレビ出演はいっさいお断わりということになってしまった。

料理を教えてくれないかという申込みも多かった。檀一雄さんに、「邱家のきょうだいで料理学校をやればいい」と盛んに焚きつけられたこともあったし、檀夫人や五味康祐夫人たちが料理を習いに行きますと、日取りまできめられてしまったこともあった。また子供が学校へかよいはじめると、ＰＴＡの奥さんたちにせがまれて、とうとう週にいっぺんだったか、しばらく我が家で料理の講習会をひらいたこともあった。しかし、女房はどれにもなじめなかった。彼女の理想は、「女が仕事をしたり、稼いだりすること」ではなくて、「亭主が稼いで、妻は高級車に乗ってお金を使いに行くこと」だと信じて迷いがないのである。

「私のことを皆がセンセというけれど、全部教えてしまったら、皆がセンセになってしまうじゃないの。だから、私は自分だけセンセでいたいわ」と冗談をいいながら、どうしても料理の先生にはなりたがらなかった。雑誌社の人が電話をかけてきて、料理をつくってもらえないかと頼むときは、女房に対しても「センセ」という敬称を使う。「センセはおられますか？」というと、女房はそれが自分のことだとわかっていても、「センセはいま台湾に行っています」といって電話を切ってしまう。日本にはテレビや雑誌に「出たがり屋」というのがいるが、うちの女房はどうみてもその反対だから、とうとう雑誌社もあきらめて、あまり料理をつくって下さいと頼みにこなくなった。「あなたが馬車馬のごとく働いて、私がそのお金を使うのがこの世のしあわせです」といってはばからないのである。

　中央公論社の嶋中鵬二夫妻は、邱飯店のもっとも古いお得意様であるだけに、早くから邱永漢夫婦共著による料理の本を書いてみたら、としきりに勧めてくださっていた。二年サイクルくらいで、いつもそのことをいって、うむことを知らなかった。きく方もきく方で、いつもききながしにして二十年の歳月がたってしまったが、あるとき同社の『暮しの設計』の編集部が何を思ったか、正式に女房のところへ談判にやっ

てきた。たまたま嫁に行ったばかりの娘が家へ帰ってきて、このことをききおよび、

「ママ。私たちに財産を残してくれても仕方がないから、将来、私たちの子供に、これはおばあさんがつくった料理の本よ、といって自慢のできるものを残してちょうだい。私もお手伝いしますから」

とわきから口添えをした。この一言がきいたのか、女房はにわかにその気になり、一回に十皿から八皿まで、八回に分けて料理をつくり、それをカメラ撮影することを承知した。珍しいこともあるものだな、と私は話をきいて感心したが、料理をつくって人をご馳走するのは簡単だが、それを写真に撮るのは厄介なことである。はたして第一回目をやってみると、予想外に手間をとったので、女房は気をムシャクシャさせて、娘を睨みつけ、

「これもみんな、あんたのせいよ」

と恨みがましい文句を並べたそうである。しかし、いっぺん約束したことをいまさらキャンセルすることもできないので、スケジュール通りの撮影が行なわれた。一冊の本にするために台湾から遊びにきていた私の妹にも、「台湾の家庭料理十種類」をつくってもらい、また台湾旅行に行ったときはどこへ食べに行ったらよいか、カメラマンの吉田和行君と編集者に同行してもらって、「食いしん坊天国台湾」という特集

も組んだ。三十軒ばかりのおいしい店の料理を写真入りで説明し、さらに私が巻頭に「料理は〝舌〟で覚えるもの」という文章を書いてなんとか恰好をつけた。これが同社から出た『母から娘に伝える邱家の中国家庭料理』と題する本である。

　この本ができたとき、私はふだんのご無沙汰のお詫びもかねて、約二百冊を友人たちに贈呈した。いつも本を送っても、ろくに礼状はもらえないのが、この本に関するかぎり山のように返事が返ってきた。たいていは、「女房が喜んでいる」「我が家の食卓が賑やかになった」といった内容であり、役に立つということは反応のあるものだなと感心したが、ひるがえって考えてみると、いつも本を送ってもさっぱり反応がないのは役に立っていないという証拠になる。笑ったらいいのか、悲しんだらいいのか、ちょっと判断に困る出来事なのである。

　我が家のコックは、この本を作製中ずっと台湾へ帰っていたが、本ができてきた頃にまた台湾から舞い戻ってきた。本の中に出てくる料理の数が六十数種しかないのを見て、「この家の料理は千くらいはあるのに、どうしてこんなに少ししか載せないのですか?」ときいた。

「それは誰にでもできる料理を選んだからですよ。うちの娘でも、本を見たら、この通りにできるというのを前提として選んだメニューなんだから」と私は答えた。

「じゃ、もういっぺん、今度は〝邱家菜単〟というエンサイクロペディアのような写真入りの大きな本をつくる必要がありますね」

とうちのコックはいう。しかし、一冊つくっただけでもヘトヘトだし、写真入りで厖大な全集をつくっても、とても売れそうにない。だから今後もそういう計画があるわけではまったくない。

しかし、自分の家のふだんの料理をカラー写真にして一冊の本にしてもらえたことは、妻にとっては、生涯のしあわせの一つということができよう。商売気があってつくる本ではないから、この本を見ていると、「作り方」のほかに、「調理のポイント」というところが出てくる。中国人の料理の先生なら、教えないで残しておく部分である。たとえば、キャベツ炒めのところを見ると、「炒めるまでキャベツは水につけておき、強火で、さっと炒めます。油が全体に回ったら、すぐ火を止めます」と書いてある。つまり野菜を炒めるコツは、買ってきた野菜の水気が切れているとおいしくない。青いまま炒めあげる要領はガスを全開にして、強火で炒めることにつきる。たったそれだけのことだが、ほかの料理本には書いていないことがこの本には書いてあるのである。

美食と大食は紙一重

グルメ（美食家）とグルマン（大食漢）の差はフランス語ではホンの紙一重にすぎず、グルマンには健啖家という意味のほかに、食道楽の人という意味も含まれているそうである。そういえば、小食で美食家という人にはあまり出会ったことがない。

美食家は、食べ物にうるさいという面もあるけれど、食べる以上はおいしいものを食べたいし、おいしいものに出会ったら、貪欲になるから、どうしても大食いになってしまう。大食いだから健康なのか、健康だから大食いなのかはにわかに結論は出せないが、おそらく相互に関連しているのであろう。したがって大食いの人を見ていると楽天家が多く、あまり物事にこだわらない。とりわけ女の大食いは陽気で働き者で、お喋りだけれども陰にこもらない。もし女をすべて赤鬼と青鬼に分けるとしたら、大食女は赤鬼で、胃袋が小さく、食欲が細く、あれが嫌い、これが食べられないという女は青鬼である。赤鬼は陽気な代わりに、癪にさわると腹の中にしまっておくことができないから、顔を真っ赤にして怒鳴り散らす。怒鳴られる方はたいへんな災難だが、その代わり雷雲が通りすぎるとケロリと忘れてしまう。

一方、青鬼の方は、気に食わないことが起っても表情には現わさないし、口にも出さない代わりに、恨みがうちにこもるから、長い時間をかけてじっくり仇をとられる。どうせ鬼と同居するのが男の定めなら、青鬼よりは赤鬼の方がましである。そう思っているので、「妻をめとらば大食女」というエッセイを書いたことがあるし、息子たちにも、嫁さん選ぶなら食欲の旺盛な女がよいよ、と再三ならずアドバイスしてきた。息子たちも心得ていて、ガールフレンドをおやじに紹介する前に、「オヤジの前に出たら、しっかり食べるんだぞ」と耳打ちしているから、長男が結婚の相手を私に引き合わせたときも、一発で合格にした。

議員さんなどの集まりに行っても、大食漢ばかりである。議会で乱闘するときに体力が要求されていることもあるけれど、選挙運動のために僻村から離島まで遊説してまわるのにも身体が丈夫でなければならないし、歩きまわったり怒号したりすると、それだけ腹が減って大食いにもなるのであろう。だから議員さんには楽観主義者が多くて、自分のふところ具合についてもそうだが、国の台所が百兆円の借金になっても、あまり心配しないですんでいる。

大食いが長寿と関係あることは前にも述べたが、我が家に食事にみえる人々の中には大食漢がことのほか多い。今日出海さんは、鎌倉の自宅へ帰るのに、宴会のあと、新橋駅でまた駅弁を買って食べながら帰るときいた。佐藤春夫先生は、はじめて私の家にお見えになったとき、わずか同席七人で十二人分の料理をペロリと平らげてしまった。谷川徹三先生と脇村義太郎先生が私の家に見えたのは、昭和五十六年五月十六日のことであるが、確か谷川先生は八十六歳、脇村先生は八十歳になっておられた。お二人ともぼけるどころか、意識鮮明、同じことを二度くりかえすような会話はまったく見られず、服の着方から趣味のもち方まで、いわゆる年寄り臭さを感じさせなかった。それにお二人とも稀代の食いしん坊ときている。

谷川先生には、職業柄、小説家たちの会合で何回かお目にかかったことがあるが、特に親しくお話をする機会はなかった。脇村先生は、元東大経済学部の教授で、私は東大経済学部の出身だから、教室でお目にかかっていそうなものであるが、お会いしたのは、市村清さんと三人で対談をした一回だけ。というのは私が東大に入学したのは昭和十七年十月で、そのときは既に大内兵衛、有沢広巳、脇村義太郎の三教授は軍部の圧力で自由主義者のレッテルを貼られて追放されたあとであった。三教授が東大に返り咲いた戦後は、今度は私の方が卒業してしまったあとだった。つまり私は軍国主義下の日本で大学教育を受けたことになるが、幸か不幸か、私は台湾の出身で、台湾人と朝鮮人はスパイを働くおそれがあるというので、軍需省への勤労奉仕を断わられた。おかげで空襲のさなかだというのに経済学部の研究室に残り、禁書になっていたマルキシズムの本をはじめ、万巻の書の中に埋まって青春の一時をすごすことができたのである。

しかし、戦後、大学へ戻ってきた三教授の中では、大内兵衛教授が最もスタンド・プレーがうまく、その裏表のあるやり方が気にくわなかった。ちょうど帰国の便があるようになったので、私は大学院を中途で故郷へ帰ってしまったが、どちらかといえば、三人の先生方を一束にして、軍部に追放されたためにトクをした人たちと見ていた。しかし、仔細に観察していると、三人三様で、学問に対する態度も違うし、お人柄も皆、全然似ていない。殊に脇村先生は『趣味の価値』とか『東西書肆考』とかいった本職以外の著書などがあって、ワインの歴史から腕時計の銘柄までなんでも興味をもっておられ、余技のことについてやたらと造詣が深い。

たまたま『プレジデント』誌に大内侯子という美人のコーディネーターが食べ物についての聞き書きを毎号連載していて、いつか、私のところへインタビューの番がまわってきた。毎号見ていると、どこかの料亭で話をきいている様子だが、まさか私のインタビューを自分の家以外のところでやるわけにもいかない。我が家の料理の話をするのだから、我が家でやるよりほかないと考えて、ふだんの半分くらいのメニューを組んで料理をつくり、料理を食べながらインタビューに応ずることにした。その記事が『プレジデント』に「邱飯店のメニュー」と題して掲載されると、谷川先生と脇村先生の目にとまった。というより、両先生を囲んで食いしん坊が集まって定期的にあちこち食べ歩いており、その世話役を軽井沢で一杯一万円のコーヒーを売っている茜屋のご主人の船越敬四郎さんがやっていた。これら一群の食いしん坊たちがなんとか邱飯店で一席もうけてもらえないものか、と鳩首凝議したらしいのである。お金を払って食べに行けるところなら話は簡単だが、ご馳走になるよりほかないところだと、こちらから先に招待しないわけにはいくまい。衆議一決して、大内さんが台北にいた私のところまで国際電話をかけてきて、「谷川、脇村両先生が資生堂の上のロオジェにご招待したいが、ご都合はいかがですか？」ときいてきた。

　私には、すぐにピンとくるものがあった。仕事のかかわりも何もない人が突如、一九一九年のワインでご馳走したいといえば、あと何を期待しているのかくらいのことは大凡そ見当がつく。食いしん坊には食いしん坊の心境がわかるもので、わざわざ台湾まで国際電話をいただいたのだから、私は時間の都合をつけて、まずいっぺんご馳走になり、それから答礼として、ご招待申し上げることにした。

当夜のお客は、谷川、脇村両先生のほかに三楽オーシャン社長鈴木慎朗氏、きもの学院の長沼静氏、プレジデント社社長本多光夫氏、丸井社長青井忠雄夫妻、船越敬四郎夫妻、それに大内侯子さん。食いしん坊はだいたい大食いにきまっているから、私は四つの冷盆と煎素鶏のあとに、砂鍋大排翅、湖南風の富貴火腿（ハムを蜜で煮てパンでサンドウィッチにしたもの）、老豆腐（豆腐の上にアワビと椎茸をのせて六時間蒸したもの）、肇菜扒鴨（家鴨を一羽のまま白菜であえたもの）、生菜包、茶烟鯧魚、排骨花生湯（豚の骨つきと落花生のスープ）とかなりおなかにこたえるメニューを組んだが、それらの料理をつぎからつぎへとものの見事に平らげてしまったのにはさすがに驚いた。

谷川先生は骨董品に目がきき、美術品のコレクターとしても著名だが、脇村先生は多趣味なことと、ファッションからアクセサリーに至るまで世界の一流品に豊富な知識をもっておられる。大食であることとあわせて、そういう好奇心の強さが年をとってもいつまでも若々しい秘密だとお見受けした。

カミナリ族の大親分本田宗一郎

あるとき、私は『プレジデント』誌の社長をしていた本多光夫さんと、パリのサントノーレのお店に入って買物をしたことがあった。パリにはデタックスといって外国人に消費税を出国の際返してくれる制度があるので、本多さんがそのための書類にサインをしたら、お店の女主人が、

「ムッシュ・ホンダですか。これはフランスでもたいへんよく知られた名前です」

といった。私はこの人も有名な人で、日本で一番よく売れている『プレジデント』という経済雑誌のプレジデントですと説明したが、この駄洒落は残念ながら相手には通じなかった。もちろん、フランスによく知られたホンダは本田宗一郎さんのことであり、もし日本人の中で世界で一番名を知られた人を一人あげろといわれたら、私は即座に本田宗一郎氏の名前をあげたい。ホンダのオートバイほど全世界に知られているメイド・イン・ジャパンはなく、世界中の若者たちの憧れの的になっているものは

ほかにない。

私が本田宗一郎さんと知り合いになったのは、もうかれこれ二十年ほど前で、雑誌社に頼まれて、本田さんと対談するために埼玉県にある本田技研の研究所を訪れたときであった。研究所の所長室で待たされている間に、ふと壁を見上げると、本田技研の社訓を印刷したものが掛けられていた。私はそこに書かれている内容を読んで思わずニタリとしたが、そこへあたふたとジャンパー姿の本田さんが駆け込んできた。挨拶もそこそこに、私は本田さんにきいた。

「社訓というのは、その会社にないものが書いてあるんじゃありませんか。〝和を本とすべし〟などと書いてあると、社内に派閥があって内紛が絶えないことを天下に告知しているようなものでしょう？　だって〝和〟のある会社ならいまさら和を謳う必要はありませんものね」

本田さんはのみ込みの早い人だから、私が説明するのを最後まできかないうちに、

「そういえばそうだな。社訓というのはまずいなあ」

と頷いた。私は本田技研の成長ぶりを外から見ていて、また本田さんが「研究所には博士を生産する研究所と商品を生産する研究所と二通りあって、自分のところは商品を生産する研究所だ」と力説しているのをきいて、なるほどこの人は現場あがりの

人だけあって、日本の大企業の弱点をよく突いた発言をする人だと感心していた。しかし、同時に、『文藝春秋』や『中央公論』が成功した経営者の談話を取材して巻頭論文に使いはじめたことに、ある種の抵抗を感じていた。雑誌社の方はいいけれども、経営者の方が天狗になって錯覚をおこしかねないと危惧したのである。松下幸之助さんの巻頭論文につづいて、本田さんの文章が『文藝春秋』の巻頭に掲載された直後だったので、私は本田さんに、「社長が巻頭論文を書くのは、会社の成長が止まったというバロメーターになるそうですね」

といった。すると本田さんはまたすぐに頭をかいて、

「いやあ、まいった、まいった。もう巻頭論文はやめた」

本当にすまなそうな表情をするので、この人、憎めない人だなあ、と思わず目を丸くした。もっと驚いたことに、それから本当にどこの雑誌にも、本田さんの巻頭論文が載らなくなった。こりゃタダのネズミじゃないなあと私は思ったものである。

それから二十年の歳月がすぎた。その間にホンダは世界のホンダに成長し、やがて本田・藤沢のコンビが同時に社長、副社長をやめて、部下にバトン・タッチをするという胸のすくような交替劇があった。私はその少し前に『経営者会報』という大阪で出ている雑誌で、「儲け話」という戦後派財界人の出世物語を連載し、その第一回目

に本田さんのことを書いた。もう既に押しも押されぬ大企業の社長になったあとだったので、世間は私が大企業の社長のことを取り上げたのだろうと思ったようだが、私が取り上げたのは、小学校しかでていない自動車の修理工がいかにして自転車のうしろに通信機用の発動機をつけてヤミ米買いに役立たせたか、それがマン島のオートレースで優勝するような素晴しい技術をもった企業まで成長したか、そのいきさつを述べて、これから人生のスタートを切ろうとする若者たちに勇気をあたえようと思ったからであった。本田さんの成功物語については今日、知らない人はいないから、ここで改めてくりかえさないが、一つの商品をつくって全世界の人々から受け入れられ、その情熱を打ち込んだ事業で世界最高の評価を受けたという意味で、この人ほど幸福な男はいないのではあるまいか。

　本田技研の社長をクビになった（本田さん自身の表現によれば）本田さんは銀座にオフィスをもち、いままでオートバイ屋の事業に打ち込んでいたときにはできなかったことに余生を打ち込むようになった。その中の一つに売春対策審議会の会長というのがある。本田さんにいわせると、自分の方は売春ではなくて、買春の経験者だから「学識経験者」として任命されたのだろうと、たいへんなはしゃぎようである。そのはしゃぎっぷりがあんまりおかしかったので、「うちに食事にきませんか」とお誘いしたら、奥さんづれで気軽に我が家までお見えになった。昭和五十六年七月十一日のことで、その夜のお客は、妙なとりあわせだが、大島渚、小山明子の夫妻、嶋中鵬二夫妻、それに朝日新聞編集局次長の柴田俊治氏である。

本田さんは、昔に比べれば多少、頭の髪毛は後退しただろうが、少しも年をとらず、剽軽さにおいても、元気さにおいても、二十年前と少しも変っていない。ただ昔はいつも作業服のままどこにでもでかけ、帝国ホテルで自分が主催したパーティにジャンパーのまま入ろうとして追い出されたエピソードの持主だが、私の家へ現われたときは、珍しいことにきちんと新調の背広を着込んでいた。売春対策審議会の会長ともなると、背広を着ないともてないのかもしれない。

「自分はオートバイ以外のことは何もわかりませんよ」「文部省では、オートバイの事故が多いのは、スピードの出るオートバイをつくったお前が悪いのだというが、オートバイの事故なんかたいしたことではありません。一番危険な乗物はオートバイでも飛行機でもなくて、本当は女ですよ」「私どもの鈴鹿のサーキットにきてごらんなさい。何十万人という若者が集まってきます。これは、私のカンですけれど、新しい書き物の材料があすこにはころがっているんじゃないでしょうか」

ちょうどカーター大統領がイランで人質になっていた大使館員を救助しようとして、

ヘリコプター作戦に出て大失敗をした直後だったこともあって、本田さんは、
「レーダーにひっかからないようにヘリコプターを飛ばそうとすれば、地面スレスレで飛ぶよりほかないのですが、そのとき、エンジンが砂漠の砂をかんでエンストをしたのですよ。砂を吸わないための装置をすれば大丈夫なんだが、アメリカでその装置をとりつけると、どこに行くのか見当をつけられてしまうし、あとで事故が起ってから、責任のなすりあいになったらしいですがね」

　さすがに技術者らしい談論風発であった。しかし、世界の本田さんも、奥さんの前には頭があがらず、何かいうとすぐ奥さんに揚足をとられていたから、オートバイを操縦するような具合にうまくはいかないな、とおかしかった。因みに本田家では奥さんの方が一足先に飛行機の操縦免許をおとりになったとか、まして夫婦間の操縦術になると、どうみても腕は奥さんの方が一枚上のようである。

　私の家にはいろんなお客さまがみえるが、同席して最も笑いの多い人は、なんといっても本田さんであろう。「こんなに腹いっぱい食べて大丈夫かしらと心配したけれど、お腹の具合はスッキリしていますわ」と何度もお腹をさすりながら、本田さんは我が家の玄関を出た。

高度成長の立役者盛田昭夫夫妻

ソニーの会長盛田昭夫さんと私は同じ町内に住んでいる。すぐ目と鼻の先の隣り組といいたいところだが、生憎とうちのお向いは高見山関で、昔は民社党の西村栄一委員長が住んでいたが、政治家は死ぬとたいてい遺族が支えきれなくなって、すぐ家を売る。そのあとを不動産屋が買って二つに割り、その広い方へ高見山が、丸八真綿か何かで儲けたとみえ、新しい家を建てて引越してきた。

高見山の裏手は三千坪ほどの空地になっていて、一時、秀和が買って高層マンションを建てようとしたが、十メートルの高度制限のあるところだから住民の反対にあい、ついに断念して土地を目黒区役所に売った。区役所がそこを公園にしたので、もともと西郷従道の邸跡で西郷山と呼ばれたところにふさわしい環境に戻ってきた。その西郷山公園の向う側に盛田さんの家がある。

三階建の堂々たる洋館で、屋根の上に無電の塔のようなものが立っているので、一見、放送局風だが、よほど泥棒に狙われるとみえて、高い垣根に防犯用の鉄線が幾重にも張りめぐらされている。ちょうど私たちの散歩コースにあたるので、あの物々しい防備ぶりを見あげるたびに、大金持ちになるのも楽じゃないなあと思っていたが、盛田夫人にきいたところによると、外壁はもとよりのこと、部屋から部屋へ行くのにもブザーが鳴る装置がしてあるのに、それをくぐりぬけて盛田さんの部屋まで侵入してきたドロボーもいるそうである。ご苦労さんといいたい気持だが、個人の邸宅へ入っても、苦心した割りにはひきあわない時代になりつつある。いまのドロボーは現金しか狙わないが、現金を千万円単位で家の中に放置してある大金持ちというのは、同じ町内では美空ひばりさんの家くらいなものであろう。だから、頭のいい盗人は、やはり銀行を狙うことになり、銀行なら損をするのは保険会社だけだから、銀行員も本気にならず、簡単に札束を投げてくれる。生命の危険はお互いにあまりないのである。ところが、ドロボーの中にも、頭の古いのがいて、相変らず大金持ちの家にはお金がどっさりあると思い込んでいるのがいて、南平台とか青葉台の街頭には「空巣に注意」という立看板がたくさん立っているのである。

本田宗一郎さんのホンダが世界のホンダだとすれば、盛田昭夫さんのソニーも、それに負けないくらい世界中に名の知られた世界のソニーであろう。本田技研は本田さんの技術開発力に支えられて成功した企業で、技術一本で勝負に勝ったという感じがする。それでも途中でうまくいかなかったときは、本田さんが真剣になって自殺を考えたことがあるそうだが、ソニーにはそういう風雪時代は見られない。それは多分、ソニーがホンダと違って、世界に販売ルートを開拓するという商法に徹し、「技術のソニー」というよりは「販売のソニー」という、世間のもっているイメージとはやや異った展開の仕方をしてきたせいであろう。その推進力となったのが盛田さんであり、もともと、盛田さんは愛知県の造り酒屋の出身だから、商人的な才覚をもった工業資本家になったとしても必らずしも不思議ではない。大宅壮一さんは、「日立、東芝のモルモット」といって、ソニーが大手メーカーの実験台になってきた事実を指摘したことがあるが、モルモットが最後まで生き残り、しかも世界的大企業にのしあがったのは、この盛田さんの腕に負うところが大である。現に我が家の食卓で盛田さんもいっていたが、

「ウォークマンを僕が考え出して、あれをつくれといくらいっても、誰も賛成しなくてね。やむをえず会長命令でやったのですよ。もし十万台年末までに売れなかったら、僕は会長をやめると啖呵をきってね」

販売のセンスがあって、何がよく売れる商品であるかを研究して、それを強引に事

業化していくのが盛田流の商法であり、今もその情熱は衰えていないのである。盛田さんが夫婦して、ニューヨークはセントラル・パーク近くの高級住宅街に店を構え、アメリカ中のトップ・マネイジメントたちと顔つなぎにいそしんできたのは、けっして偶然でないことがわかる。本田さんと違って、人と人との関係から入った様子が窺われるから、一味も二味も違った新しい型の日本商人といってよいであろう。

私は前に何かの会合で、盛田夫人とは面識があったので、町内会の誼みということもあって、うちへ食事にきませんか、と秘書に電話をかけさせた。

「私、肥っちゃってねえ。節食しなくちゃいけないんですけれど、おいしい話には目がなくて、どうしても駄目なんですの。邸センセイのお誘いですから、お断わりするのももったいなくて。主人と相談して時間をつくることにいたしますわ」

最初から本音をまる出しにしたような返事なので、私の秘書がおかしがって私に報告をした。盛田夫人は、長く外国に住んだり、外国人とのつきあいが多かったりで、感情の表現が開けっぴろげだから、日本人の中には生意気だといってしかめっ面をする人があるが、うちの女房などは「フランクで親しみやすい」とたいへん好感をもっている。やはり盛田さんと奥さんと二人でちょうど一組という感じで、うちに見えるときも、いつも「歩いてきましたよ」と二人肩を並べて現われる。

盛田夫妻がはじめてこられたのは昭和五十六年八月十八日で、このときのお客さんは井上靖夫妻、一枚の絵社長の竹田厳道夫妻、彫刻家の向井良吉氏、それに龍角散社長の藤井康男氏であった。井上靖夫妻がお見えになったのは、ほとんど二十年ぶりで、井上夫人はうちの長男を見て、「まだこんなに小さかったときですよ」と掌で高さを示し、過ぎ去った歳月を改めて私たちに思い出させた。私が小説家になろうと思って東京へきたばかりの頃は、井上さんは、小谷正一さんをモデルにした「闘牛」という小説で芥川賞をもらってから四、五年たったところであり、流行作家として大活躍中であった。いまはよい年を召され、すっかり老大家らしい風格を備えるようになったが、ただでさえ温厚な話しぶりが一段とスローテンポになった感じもした。

次に盛田夫妻が我が家に見えたのは、昭和五十七年五月二十二日であった。この日同席されたのは辻静雄夫妻、嶋中鵬二夫妻、日本画家の牧進氏、それに若い作家の高橋三千綱氏であった。席上、談論風発してヨーロッパの料理に及び、私がアメリカは飯がまずいというけれど、奮発すればまだいくらかましな食事にありつける、それに比してイギリスはどんな高いお金を払っても、同じようにまずいですね、といったら、辻さんが、いや、ロンドンの郊外に一軒だけ十八世紀の建物で、十八世紀の服装をした人たちが給仕をしているおいしいイギリス料理屋がありますよ、といった。すると

盛田夫人が、即座に、

「あんた、十八世紀に生きていたわけでもないのに、どうして十八世紀だってことがわかりますの？」

と反論した。なるほど、こういうところが普通の日本人と違うところなんだな、と私はおかしくもあり、風当りの強い理由だなと思いあたった。でも、私たちは外人とのつきあいが多いせいか、いっこう気にならなかった。

話は一転して今度は労働組合の在り方に及んだ。盛田さんは、戦後の日本の労働法は、占領軍が意図的に、組合側に有利につくらせた形跡がありますねといった。

「おかげでソニーにはいまもって第一組合が三百人残っていて、しょっちゅうストをやっていますよ。それに、作業中に手がしびれたから会社が一生面倒見ろといって、何もしないで一日中遊んでいる女子従業員の〝遊び部屋〟もあります。これだけ豊かになったのですから、多少の落ちこぼれはやむをえないでしょうね」

招待状を書く楽しみは残しておいて

昭和二十九年からはじまって、昭和五十七年まで、二十九年間に、私の家に食事に招待した人々の話を長々と書き綴ってきた。もとより、この中に登場した人々だけが我が家の上客というわけではない。またこれで邸飯店は店じまいで、以後もう誰もお招びしないというわけでもない。私も家内も、お客好きで、商売の話をするよりも、気の合った人々を招んでおいしいご馳走を食べ、楽しい話題に花を咲かせることに人生の喜びを感ずる方だから、元気な限り、今後もお客を招待しつづけることになるだろう。

しかし、私たちがそう思っても、ままならぬことがいくつかある。一番の難関はなんといっても、コックが居つかないことである。幸いうちは女房が最も腕のよいコックで、あとは女房の門弟みたいなものだから、何回変っても大元の味に変化はないのだが、いったん、シェフから取締役食堂部長に昇進させたものを、コックがいなくなったからといって、また台所へ戻すことができないように、女房に全メニューをはじめからおしまいまでつくってくれと頼むわけにもいかない。前にも述べたように、コックを使うことの難しさは、会社で従業員に働いてもらうことの比ではない。コックは長く一つところで働いていると、飽きがきて、どこぞへ移りたいという衝動に駆られるようになる。「庖丁一本サラシに巻いて」と歌の文句にもあるように、一度やめたいと思うと、もうじっとしておられなくなる。せっかく何年もかけて教え込んだ技術がフイになってしまうし、何回もそんなことをくりかえされると、人を教えるのがバカらしくなってしまう。

前にいたコックは、うちの女房の料理をかなり覚え込み、メニューを渡しただけで、ほぼ私たちが九十パーセントくらい満足できる料理を出せるまで上達した。

「貧乏したら、この人をコック長にして、本物の邱飯店を開くようにしよう。部屋が五間あるから、五卓だけ予約をとって、一見さんはいれないようにすれば、商売は繁盛するだろう」

私が冗談半分にいうと、

「あなた、まだそんなことを考えているの？　いったい人生があと何十年残っていると思っているの？」

と女房はあきれた顔をする。

「いや、貧乏したら……といっているじゃないか。いまは原稿を書ききれないくらい書いて、毎日、いろんな人が訪ねてくるからいいけれど、そのうちに電話もかからなくなって、注文が一つもないようになるかもしれないよ。そうしたら、お前が台所に立って、僕が皿運びをやる」

　そばできいていた子供たちが、異議を申し立てた。

「パパの皿運びじゃいかさないよ。マネージャーは僕がやって皿運びはかおり（うちの嫁）がやり、パパは、ほら、いつも行くトンカツ屋さんのように、ご飯を盛るくらいしか使い物にならないよ」

　皆がドッと笑った。いつも私たちが行く渋谷のトンカツ屋は、息子を目黒の「とんき」というトンカツ屋に修業に出してトンカツの揚げ方を覚えさせ、家族が全財産をはたいて店をつくった。息子は台所、母親が帳場、皿運びはバイトのおばさんたちだが、退職金を全額出資したのではないかと思われるお父さんは、飯を盛るしかやる仕事がない。それを目のあたりに見ているからである。

　しかし、そのコックも荷物をさっさと片づけて台湾へ帰ってしまった。女房の五年にわたる努力も水泡に帰し、邱飯店の立て直しをやろうとすれば、またはじめからやりなおさなければならない。飲食店がみなコックに泣かされるように、邱飯店もけっして例外ではありえないのである。

もう一つ、邱飯店が次第に有名になって、「ご馳走をしろ」という注文もそれだけ多くなり、いちいち応じられなくなってきたことである。「お金なら、いくらでも出す」といわれても、商売にしていないのだから、お金をいただくわけにはいかない。それでも押しかけ客になった人々もあって、大和証券会長の千野宜時夫妻、日本債券信用銀行頭取の安川七郎夫妻、博報堂社長の近藤道生夫妻は、向うから催促されて宴を張った。それでも楽しい宴だったから、押しかけ客も悪いものではない。ときには催促されて大宴をひらくのもいいなあ、と思っている。

しかし、世の中には食いしん坊はゴマンといる。私と一面識もない人が突然、私の家に電話をしてきて、「飯を食わせろ」といわれても、それに応ずるわけにはいかないだろう。そういう人はどうすればよいのだろうか。そういう人は、私が仕事を失うか、貧乏して、昔とった杵柄《きねづか》で、邱飯店をひらいて飯を食わなければならなくなる日を待つことである。人生はどんなことが襲うかわからないから、私にそういう日がないとは誰も断言できない。いつも、そういう日に備えて、私はあれこれ手を打っている。邱飯店などというのも、精々、しっかり腕を磨き、努力を重ねて、お金をいただいてもちゃんとやっていけるようにしておく必要があるのである。

そういえば、食べ物商売は、水商売の一種に数えられ、不景気になると一番影響を受ける商売と考えられている。また食品産業は量ははける代わりに、利の薄い商売だと信じられている。しかし、工業生産力がこれだけついて、自動車でも船でも衣料品でも、ほしいものがすぐにでも供給できる体制になると、耐久消費財はなかなか売れなくなって、食べ物のような三度三度消耗し消費されるものが相対的に重視されるようになる。とりわけ工場のロボット化によって排出された余剰労働力は流通業か、サービス業に向うよりほかないから、ただでさえ過剰気味の飲食業にさらに投資が集中するものと予測される。その場合、既成の業界に、既成の形態の新規投資が行われるのではなくて、必らず創意工夫をこらした新入りという形をとる筈である。いくらでも、まだまだ工夫の余地の大きいのが飲食業界なのである。

たとえば、北海道に行くと、鮭、鰊、鱈、毛蟹、平貝、甘海老、馬鈴薯、とうもろこし、牛乳等々、土地の特産物がある。ではこれらを上手に加工した北海道料理があるかというと、どこも同じで、似たような加工法しかない。もしここに創作料理の才能をもった人が現われて、独特の郷土料理をはじめたら、北海道中の人気を集めるようになるだろう。同じことが北陸についても、九州や四国についてもいえる。必らずしもその土地の土産品でなくても、新しい加工技術を工夫すれば、それがその人の、さらにその土地の名物として定着する可能性が大きいのである。

そういう目で見ると、おいしいものに目がないということは、つぎの時代を生きる商売の役にも立つし、そういう商売をやろうとしている人たちのヒントにもなる。私なら、もし貧乏したら、あれを売っても飯が食べられる、これをつくっても飯が食べられると思っているものがいくつかある。だから飯が食べられなくなる心配はないが、そうなると貧乏する可能性もまだ当分はなさそうである。したがってまた邱飯店が生活の資を得るために有料で公開される見込みもまだまだ先のことになりそうである。

「好きこそ物の上手なれ」で、好きなことを職業にすることが流行する時代になったが、職業になると途端にいままでとは違った別の心配事が生じてくる。その意味で、邱飯店を公開しないことは私にまださささやかなしあわせが残っているということであって、どうかこれまでおいでいただいた方々も、また、私から招待状が舞い込んでくる日を楽しみにお待ちいただきたいと思う。

あとがき

食べ物の話が新聞雑誌に盛んに登場するようになった。食べ物の話は「話」の方が先にあるのではなくて、「食べ物」の方が先にある。私の家も、その例外ではなく、『食は広州に在り』『象牙の箸』『食前食後』『奥様はお料理がお好き』と書いてきたが、いずれも、食べ物についての執拗なまでの情熱が先にあって、そのおかげでおいしい料理にありつき、そのまたおつりのような形で、本が生まれてきたものである。

私が食べ物の話を書きはじめた頃は、まだ日本全体が貧乏で、たとえば、昭和三十二年に私が『食は広州に在り』の中で「満漢全席」の話を書いた時は、昔の清朝の宮廷の夢物語として読まれたと思うが、今では日本人が大挙して香港まで賞味に行く時代になった。食についてのゼイタクの歴史は、日本ではまだせいぜい二十五年しかないが、わずか二十五年で、日本人の水準は、中国人やフランス人に追いつき、追い越さんばかりのいきおいを示すようになった。

食べ物に関する本がよく売れるようになったし、私の書いた本がたまたまその中に数えられるようになったせいもあって、私はしょっちゅうそういう種類の本を書いているように見えるが、実は二十年間も書いていない。しかし、我が家にはこの三十年来、お客を招待したときのメニューが保存されており、そのメニューを眺めていると、いろいろとおいでいただいた方々の思い出や世の移り変りが目に浮んでくる。それはそのままこの三十年の日本の文化や経済の裏面史みたいなところがあるから、いっぺん、我が家のメニューを中心に、「舞踏会の手帖」みたいな話を書いてみたいと思っていた。私はそれを日本経済新聞夕刊に書くつもりだったが、『週刊ポスト』に連載することが一足先にきまり、ほとんど同時に日本経済新聞からも執筆依頼があったので、「邱飯店のメニュー」と「食指が動く」と二本同時に連載することになった。おかげでずいぶん賑やかにやっているように見えるが、食べ物についてのエッセイ集を書くのは本当に久方ぶりなのである。

本書は昭和五十七年五月から十二月まで約七ヵ月間、『週刊ポスト』に連載したものをまとめた。私の家へ来られた文人墨客たちの人物像をホンの短い文章で読者にわかるように描写したつもりだが、その文人墨客の名前すらわからない若者が増えて、トンチンカンな行き違いになった場面もあった。しかし、私にとっては愛着のある人々の話だし、一通り書きあがってから通読してみると、それなりに筋の通る書き方をしたと思っている。なお本書に登場された大先輩の人たちにいささか無遠慮な書き方をしている面もあるし、反対にいつも懇意にしていただき、しょっちゅうおいでいただいているのに、名前を伏せてしまった人たちもある。どちらについてもどうぞ非礼をお許しいただきたい。

一九八三年二月吉日

邱　永　漢

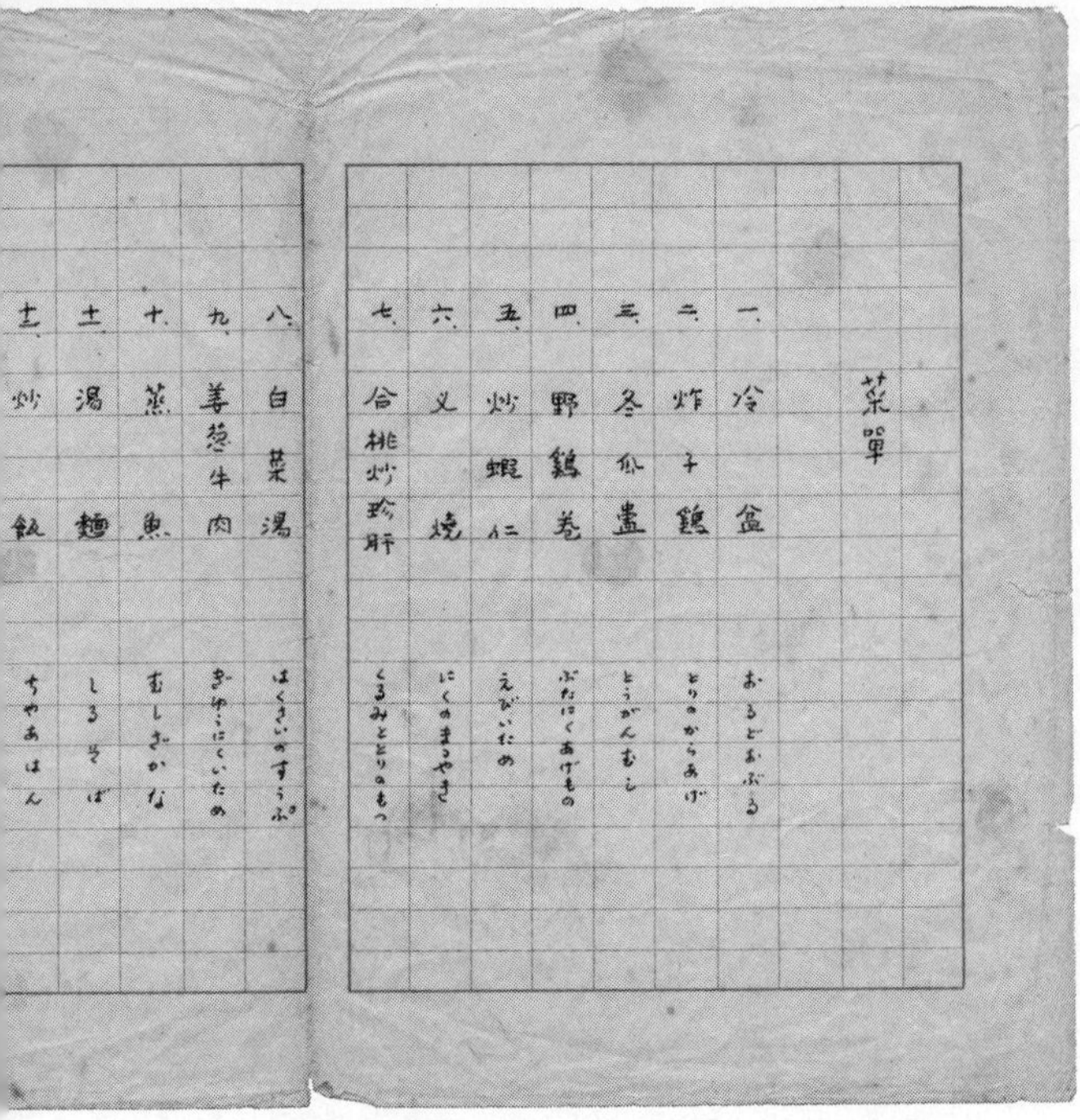

菜單

一、冷盆　おるどぶる
二、炸子鶏　とりのからあげ
三、冬瓜盅　とうがんむし
四、野鶏巻　ぶたにくあげもの
五、炒蝦仁　えびいため
六、叉焼　にくのまるやき
七、合桃炒珍肝　くるみととりのもつ
八、白菜湯　はくさいのすうぷ
九、姜葱牛肉　ぎゅうにくいため
十、蒸魚　むしざかな
十一、湯麵　しるそば
十二、炒飯　ちゃあはん

上）1954年９月23日、最初にお客を招いた日のメニュー
左）1960年11月４日のメニューと来客者の署名

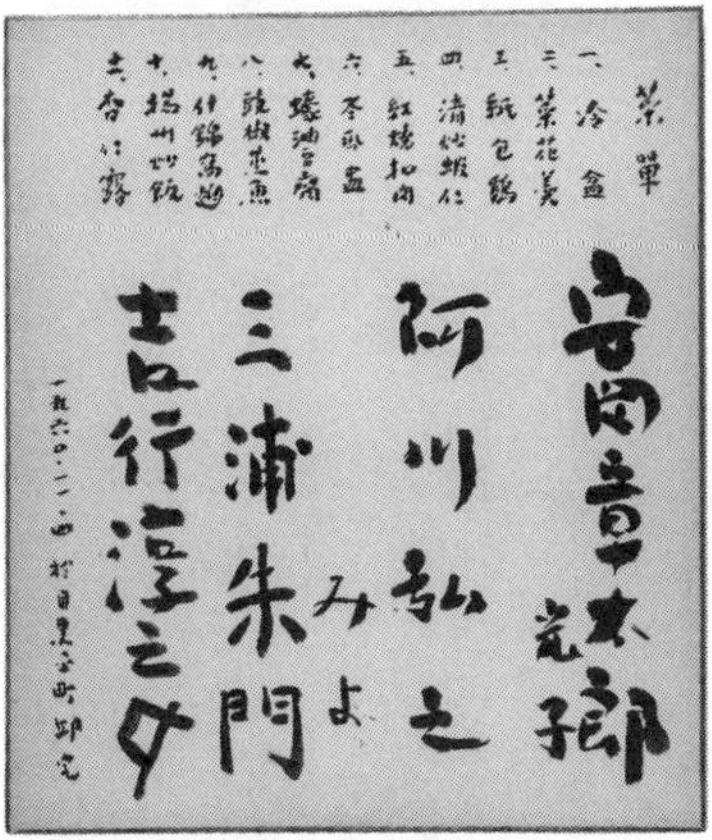
菜單
一、冷盆
二、菜花羹
三、紙包鶏
四、清炒蝦仁
五、紅焼扣肉
六、冬瓜盅
七、蠔油豆腐
九、什錦炒麺
十、揚州炒飯
十一、杏仁露
安岡章太郎
光子
阿川弘之
みよ
三浦朱門
吉行淳之介
一九六〇・一一・四

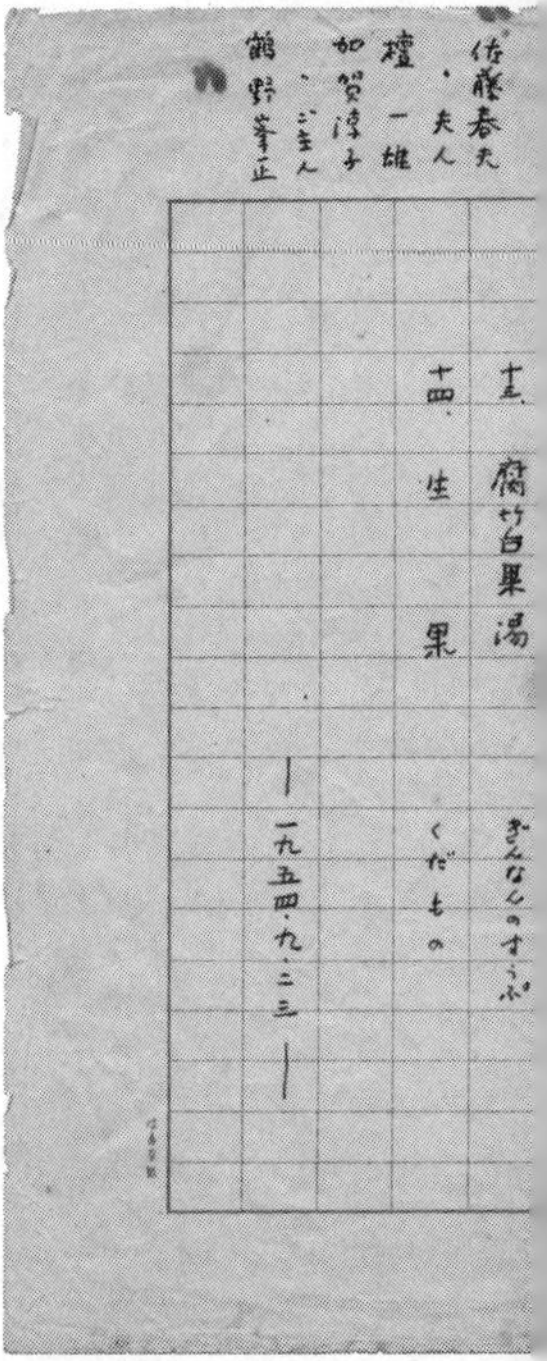
佐藤春夫
・夫人
檀一雄
加賀淳子
・ご主人
鶴野峯正
十三、腐竹白果湯
ぎんなんのすうぷ
十四、生果
くだもの
―一九五四・九・二三―

菜単《メニュー》のたて方

邱《きゅう》潘《はん》苑《えい》蘭《らん》
（邱永漢氏夫人）

中国では献立のことを「菜単《ツァイタン》」とか「菜譜《ツァイプ》」と呼びます。

献立のたて方には、絶対のきまりがあるわけではありませんが、一般的には、冷たい前菜（冷盤《ルンパン》または拌盤《ピンパン》）、温かい前菜（熱炒《ルーチャオ》）、主菜（大菜《ターツァイ》）、スープ（湯菜《タンツァイ》）、デザート（点心《ティエンシン》）、果物、お茶という順序が、コース料理の形式です。しかし、これはあくまでも客料理などのコースとしてのたて方で、家庭料理の場合は、ここまですることはありません。

家庭で日常たてる献立は、一汁四菜とちょっとした小菜そして点心を基本にします。つまり、スープ、炒めもの、揚げもの、蒸しもの、煮もの、これで一汁四菜になるわけです。しかし、夏などは、揚げものがしつこく感じられると、かわりに冷菜を一品加えることもあります。いずれにしても、四菜の調理法と材料はすべて変えるようにします。この一汁四菜を基本にし、ちょっとしたお客さまには四菜を六菜に増やす程度にします。人数で考えるなら、二～三人なら一汁四菜、四～五人で一汁六菜というところでしょうか。

正式な宴会とまでいかなくても、とにかく十人くらい人が集まって一卓を囲むときは、一応フルコースとして十種類ほどの料理を出します。この場合は、スープが二種、肉類と内臓類で二種、魚と海鮮類で二種、これに野菜や豆腐、乾物などを加えます。それに冷菜と点心、生果です。点心にご飯類を出すときには、必ずご飯に合う辛い料理を一品入れるようにするとよいでしょう。

献立をたてるには、食べる人の好みや年齢、性別などを考えなければなりませんが、基本的にはいくつかのポイントがあります。

●材料が重ならないようにします。

肉ばかりとか、魚や海鮮類ばかりなどというように、材料が重なることは禁物です。肉類、魚や海鮮類、野菜といろいろな材料をうまく組み合わせることは、栄養の上でもおいしくいただく上でも大切です。

●調理法と味つけに変化をつけます。

材料と同じように、調理法や味つけもだぶらないようにします。炒めもの、揚げもの、蒸しもの、煮ものなどと調理法に変化をつけ、しかも味も、淡い味、濃い味、すっぱい味、辛い味というようにします。また、調味料も醤油味ばかりとか塩味だけなどというようにかたよるのは味けないものです。

●料理は出す順序が大切です。

最初に出す料理は淡泊なものを、そして徐々に濃厚な味に移っていくようにします。また、料理の数が多い場合は、胃がもたれたりくたびれたりすることがありますから、途中でスープを出したり、すっぱいものやピリッと辛いものをはさむとよいでしょう。

●料理がとだえないように注意します。

たくさんの料理を出すときは、次々に手順よく出さなくてはなりません。そこで、献立をたてる際に、あまり手をかけなくて済むものや、前もって準備し、弱火で長時間蒸すものなどをうまく組み合わせるようにします。

●季節のものをとり入れます。

グリーンアスパラガスやとうがん、そら豆など、季節を感じさせるしゅんの野菜料理を一品加えると献立が引き立ちます。また、冬は温かい料理を、夏は冷たい料理を中心にするような配慮も大切です。

日常の家庭料理の一汁四菜からフルコースまでの献立をたててみました。これは例として組み合わせたものですから、ご家庭で献立をたてるときには、これを基本にしていろいろ工夫してみるとよいでしょう。

●日常の家庭料理——一汁四菜（二例）

・八宝豆腐羹《パアパオトウフウコン》（豆腐の五目スープ）
・炸肉条《ツァロウティアオ》（豚肉の揚げもの）
・蟹肉扒露筍《シェロウパアルウソエン》（グリーンアスパラ炒めのかにあんかけ）
・冬菇竹筍炆鶏《トンクウチウソエンウエンチィ》（椎茸とたけのこと鶏肉の煮込みもの）
・鹹菜黄魚《シェンツァイホワンユイ》（焼き魚の野菜入りあんかけ）
・ご飯

・排骨湯《パイクウタン》（台湾風のオニオンスープ）
・炸鳳尾蝦《ツァフォンウエイシャ》（えびと八頭芋衣揚げ）
・鹹蛋蒸蛋《シェンタンチョンタン》（塩卵入り茶碗蒸し）
・蠔油炒牛肉《ハオヨウチャオニュウロウ》（牛肉のかき油炒め）
・炒椰菜《チャオイエツァイ》（キャベツの炒めもの）
・ご飯

●ちょっとしたお客さまにも――一汁六菜

・蘿蔔《ルオプウ》牛《ニユウ》尾湯《ウェイタン》（牛すね肉と大根のスープ）

　または西洋《シイヤン》菜湯《ツァイタン》（クレソンのスープ）

・大馬《タアマア》站《チャン》鍋《クオ》（豚ばら肉と豆腐の煮もの）

・紙包鶏《チーパオチィ》（鶏肉の紙包み揚げ）

・紅白蝦仁《ホンパイシアレン》（えびの炒めもの）

・干貝扒《カンペイパア》菜胆《ツァイタン》（青菜の貝柱あんかけ）

・煎素鶏《チェンスウチィ》（湯葉の巻きもの油焼き）

・冬菇《トンクウ》蒸《チョン》肉餅《ロウピン》（豚肉と椎茸の蒸しもの）

・小菜《ショウツァイ》〈豆豉《トウチー》鹹魚仔《シェンユイツ》・麻油青豆《マーユウチントウ》〉

・ご飯

・白果腐竹糖水《パイクオフウチウタンシュイ》（湯葉とぎんなんの甘い卵のスープ）

●フルコースのおもてなしに――二汁七菜

・六色冷盤《リュウソオルンパン》（六種類の冷菜）

・菜花羹《ツァイホアコン》（鶏のささみとカリフラワーのスープ）
・野鶏巻《イエチィチュアン》（豚肉の肩ロース巻き揚げ）
・豆腐餃子《トウフウチャオツー》（豆腐の皮のぎょうざ）
・炆牛白腩《ウェンニュウパイナン》（牛肉と大根の煮込み）
・蠔油鮑片《ハオヨウパオピェン》（あわびとたけのこのかき油あんかけ）
・炒鴿鬆《チャオコウソン》（そぼろレタス包み）
・煙鯧魚《イエンツァンユイ》（まながつおの燻製）
・銀芽炒蛋白《インヤーチャオタンパイ》（もやしと薄焼き卵白の炒めもの）
・冬菇燉鶏湯《トンクウトンチィタン》（鶏と椎茸のスープ）
・菠菜炒飯《パァツァイチャオファン》（ほうれんそう入り炒飯）
・醃蘿蔔皮《イエンルオプウピィ》（大根の皮の漬けもの）
・沙谷米羹《シァクウミイコン》（タピオカのデザート）
・生果《ションクオ》（果物のデザート）

野鶏巻《イエチィチュアン》（豚肉の肩脂巻き揚げ）

●材料

豚もも肉（薄切り）……400グラム
豚肩脂……600グラム
ロースハム……3～4枚
卵……2個
小麦粉……少々
片栗粉……適宜
揚げ油……適宜
しょうゆ……大さじ½
ごま油……小さじ1
酒……大さじ½
砂糖、こしょう、化学調味料……各少々

豚肉とロースハムを肩脂で巻いて揚げる、というと、とてもギラギラした脂っぽい料理と思われるでしょうが、蒸してから揚げると、脂が出てしまうせいでしょう。あまり脂っぽくなく、いがいにあっさりした料理になってしまって、びっくりするほどです。脂身はきらいとおっしゃる方も多いようですが、試しに召し上がってみていただくと、たいてい驚かれて、これならと食べてくださいます。かき油や辣椒醬、辛子じょうゆなどをつけて召し上がっていただくとよいでしょう。ちょっとピリッとする辛味が、この揚げものにはよく合うようです。楊枝はつけたまま揚げて、これを持って食べるようにします。

豚肉は薄切りですが、なるべく薄く、そう、しゃぶしゃぶに使うくらいに切ったものにいたします。肩脂も、脂っこさを感じさせないようにこれもなるべく薄く切ってください。蒸して揚げると、肩脂の脂けはかなり減ってしまって、カリカリになってしまいます。蒸したときに皿に出た汁には脂がたくさん含まれているので、必ず捨ててください。揚げるといっそう脂が出てしまうようで、不思議なことだと思います。

●作り方

①しょうゆ、ごま油、酒、砂糖、こしょう、化学調味料を合わせ、豚もも肉の薄切りを入れて三十分間つけておきます。

②豚肩脂は一〇センチ×二〇センチの大きさに紙のように薄く切ります。

③卵は白身と黄身に分け、黄身には小麦粉少々を入れて、とろとろの糊のようにします。

④ハムはせん切りにします。

⑤肩脂に③の黄身の糊をぬり、その上に下味をつけたもも肉を脂よりやや内側まで、周囲を残してのせ、ハムを振りかけます。これを端からくるくると巻き、五本くらいの楊枝で止めます。

⑥鍋に湯を沸かし、せいろをのせ、⑤を皿に入れて二十分間蒸し、皿に出た汁は捨てます。これをさめたら冷蔵庫に入れて冷やし、脂を固めます。

⑦脂が固まったら端は切り捨て、楊枝の間を五つくらいに切り分けます。

⑧白身を泡立てないようにして溶き、⑦につけて片栗粉をまぶし、油できつね色にカラリと揚げます。

●調理のポイント

はじめに蒸して、脂を抜きます。このとき皿に出た汁は脂なので、捨ててください。

冷蔵庫に入れて脂をよく固め、一口大に切り分けて揚げます。

芋頭扣肉《ユイトウコウロウ》（京芋と豚バラ肉の蒸しもの）

●材料

豚バラ肉（固まり）……600グラム

京芋……大2個

陳皮……少々

中国赤豆腐……1個

しょうゆ……大さじ3

化学調味料……少々

酒……大さじ1

にんにく（みじん切り）……2片分

砂糖……小さじ2

日本茶……適宜

揚げ油……………………………5〜6カップ
「しょうゆ………………………大さじ2
砂糖……………………………大さじ2

揚げた豚バラ肉と京芋の蒸しものです。肉は下味をつけてから、きれいにきつね色の焦げ目をつけ、それから日本茶で洗って油臭さをとるようにします。日本茶は、ほうじ茶を使ってもかまいません。芋も、ここでは京芋を使いましたが、八頭でもいいでしょう。八頭の場合も2個です。でも、京芋のほうが、下ごしらえも簡単ですし、おいしいようです。赤豆腐は手に入りにくければ黒味噌大さじ1を、また陳皮も、みかんやゆずの皮を使えばよろしいでしょう。

肉を揚げると、油は全部真黒になってしまいますから、揚げものにはもう使えません。肉の炒めものなどにお使いになってください。

この料理の肉と芋を召し上がってしまってソースが残りましたら、これに支那竹を入れて煮ますとおいしいものです。捨ててしまわずに、ぜひそうしてみていただきたいと思います。

●作り方

①京芋の皮をむき、マッチ箱大に切ります。

②肉は丸のまま、しょうゆと砂糖を大さじ2杯ずつ混ぜたものを塗り、一時間くらいおきます。

③揚げ油を強火で熱し、肉を入れて全体がきつね色になるまで揚げます。

④日本茶を入れ、肉をこの中で洗って油臭さを消し、マッチ箱大に切り、深皿に芋と交互に並べます。

⑤しょうゆ、酒、砂糖、化学調味料、赤豆腐、にんにくと陳皮のみじん切りを混ぜ、肉にかけ、このソースの残りに水を大さじ1～2杯入れてこれも肉にかけます。

⑥深皿をせいろに入れ、中華鍋の煮立った湯にのせてふたをし、二時間くらい蒸します。

●調理のポイント

肉にたれを塗ったら、一時間くらいおいてよく味をしみこませてから揚げます。

赤豆腐のかわりには黒味噌で、陳皮のかわりにはみかんや柚子の皮で代用すればよいでしょう。

解説

畑中 三応子

邱飯店が最初のお客さまである佐藤春夫と千代夫人、檀一雄ほか六名をもてなしたときのメニューは全一四品。冷盆（冷たい前菜盛り合わせのことで「おるどおぶる」と平仮名でふってあるのがカワイイ）の次の記念すべき最初の一品は、「炸子鶏」である。日本語は「とりのからあげ」になっているので、「なーんだ、鶏の唐揚げなんて、安上がりでありふれた料理を出したものだ」などと思ったら大間違い。

宴を張った一九五四年当時、養鶏はもっぱら卵を採るのが目的だったため、肉として出回るのは卵を生まなくなった老鶏で筋張ってかたく、柔らかな若鶏は牛肉よりも高級品だった。鶏肉がいまのように安価になったのは、短期促成・大量生産チキンのブロイラーが普及する六〇年代からである。

気合いを入れてメニューを組んだ邱夫妻が仕入れたのは、最上級の若鶏だったに違いない。それに炸子鶏は名コックである邱潘苑蘭夫人の得意料理で、丸のままの鶏をまず二〇分下ゆでし、熱いうちに酒と花椒塩（ピリピリ舌が痺れる中国産山椒の粉を合わせた塩）をまんべんなくふって一〇分置き、それから鶏にたこ紐をかけて風通しのよいところにぶら下げ、水あめを入れたタレを何度か塗りながら四、五時間乾かしたのち、やっと油で揚げるという、膨大な手間がかかっている。中国では鶏一羽をつぶして料理するのが、なによりのもてなしだそうだ。

この日はほかにも、下ごしらえに蒸して冷やしておく工程を要し、卵の白身をつけてから片栗粉をまぶす変わった衣で、材料は豚肉とロースハムと豚脂なのに名前は「野鶏巻」という揚げもの、蒸すだけで一時間半から二時間もかける「冬瓜盅」など、気が遠くなるほどの手間と時間を費やした料理が並んでいる。

時代は高度経済成長期の入り口で日本自体がまだ貧しく、材料を手に入れるだけでもひと苦労だったはずだ。世田谷・九品仏にあった邱さんの借家は鰻の寝床のような〝あばら家〟で、台所は学生の下宿ほど小さく、道具は中華鍋、蒸し器それぞれ一個だけで凝った料理を一四品も作り上げた。信じられない偉業である。人を招こうにも座布団が足りず、大家さんから貸してもらって、大作家たちを迎えたというエピソードはとても微笑ましい。

邱さんはその日のメニューのことを「ごくありふれたもので、ちょっと珍しいものといえば、野鶏巻に腐竹白果湯くらいなもの」と書いているが、世間はやっと餃子とラーメンがブームになっていた頃で、中国料理の本格的なフルコースを出すレストランはまだ少なかった。

それに、邱家の家庭料理は完成までに時間がかかりすぎるので、レストランでは滅多にお目にかかれないものが多い。美食に慣れた先生がたといえども、ありふれているどころか、初体験の珍味佳肴ばかりだったのではないだろうか。それが証拠に、六人は一二人分の量がある一四皿をペロリと平らげてしまった。

「腐竹白果湯」は、デザート風の甘いスープ。水で銀杏を二〇分煮て砂糖を加え、さらに一〇分煮てから湯葉を入れ、一〇分煮たら火を止める。そこに溶き卵を流して手早くかき混ぜると、卵がふわっふわに仕上がる。簡単だが、日本料理では思いつかないような組み合わせだ。

邱飯店のメニューではスープは最初のほうと、最後のほうに、必ず二回出る。胃袋がいっぱいになるからと、三つ星のレストランでもスープを出さない店が増えた西洋料理に対して、最後のスープで口をすすぐようにすると、それまで食べてきた料理が落ち着いて胃袋の中のおさまりがよくなる、というのが邱さんの意見。パンパンにお腹がふくれたとき、なぜか汁物がほしくなる私は、理由はこれだと膝を打った。

日付と招待した客の名前、出した料理を記録しておき、同じ客が来る場合はメニューをがらりと変えずに、半分くらい前の料理を残すのが邱飯店のメニューづくりの極意だった。

顧客が食べた料理をノートにつけるのは、勉強熱心なシェフなら行っていることで、同じ料理を二度と出さないようみな心がけている。だが、邱さんは客の以前おいしいと感動した料理をもう一度食べたい気持ちと、いままで食べたことのない未知の味を試したい気持ちの両方を突いている。さすがもてなし好きの食いしん坊は、食いしん坊の心理をよくわかっている。本書で全部の料理名が記されているのは一回目のメニューだけだが、招待する客に合わせ、入念に練られたメニューが毎回食卓を飾ったことだろう。

邱飯店の客は、当時の文壇の大御所から〝第三の新人〟をはじめとする同時代の作家たち、編集者、ちょっとアングラなアーティスト、芸能人、実業家……と、実に多彩。邱さんは「千客万来というけれど、うちのお客ほど変り種の揃ったのはいないのではないか」と、さらりと述べている。だが、本書では名前が出てこない人も想像で補いつつ邱飯店の来客リストを眺めてみれば、そこから日本のある時期の文化や風俗、経済界の流れが浮かび上がってくるのではないか。

あまりにも幅広い交遊をつなぐのが、食いしん坊という資質だ。「食いしん坊に共通の傾向は、本当のことをいうこと」と邱さんがいうように、忖度なしでズケズケと、そして親愛の情を持って描かれた人物像は、本書でもっとも滋味深いパートである。目を見張ったのが、戦前からの人気作家、小島政二郎、白井喬二、子母沢寛の三人を招いた一九五五年一一月二二日。直木賞を受賞する前の若い作家だった邱さんの家にこれだけの大物が揃って足を運んだのは、現在は中公文庫のロングセラーになっている『食は広州に在り』を、すでに雑誌『あまカラ』で連載しており、その「魔術にだまされたといってよいかもしれない」と、邱さんは推測している。文豪三人は、食にも深く関わる人たちだった。小島政二郎は『食いしん坊』をはじめとする食の名随筆をたくさん書き、白井喬二夫人は井上鶴子の本名と白井鶴子の通称名の両方で、『婦人公論』や『主婦之友』などの女性誌で戦前から活躍した家庭料理研究家だった。また、子母沢寛が新聞記者時代の昭和初期に各界の名士に聞き書きした『味覚極楽』は、グルメ・インタビューの先駆けで、いま読んでも少しの古さも感じさせない。

　このときの白井喬二の言葉が印象的だ。

「君の小説を読みましたが、小説というものはピンと弓を張ったように、はじめから終わりまで緊張しどおしの書き方ではいけません。ところどころ遊びがあって、息をつくところがあると、ピンと張ったところが生きてくるのです。もう少し遊びのところをうまく書くと、グンとよくなりますよ」

そのときはさっぱりわからなかった邱さんだが、何十年かたってその頃の作品を読み返してみて、若さと情熱に溢れているが、読んでいるうちにだんだん息苦しくなってきて「なるほどこのことだな」と理解できるようになったという。

小説がそうであるように、料理作りもメニューの組み立ても、まったく同じなのではないだろうか。コースの全部が力の入りすぎた料理だとしたら、材料と技術がどんなに素晴らしくても食べ疲れしてしまう。

「同席して最も笑いの多い人」のホンダ創業者本田宗一郎、出版史に燦然と名前が輝く大編集者なのに一見すると「愛想のよい、きさくなおじさん」池島信平など、チャーミングな人々が次々と訪れるなかで、「邱飯店の常連として最も古株で、いまなおひいきにしていただいているのは、中央公論社社長嶋中鵬二さんのご夫妻」だった。

邱さんにお金の話を最初に書かせたのは、鼻の利く名編集者でもあった嶋中さんだし、一流料亭からいっせいに大ひんしゅくを買った「日本料理は滅亡する」を書かせたのも嶋中さんだった。掲載は『婦人公論』一九五八年八月号である。

この記事を要約すると、日本料理はなるべく手を加えず材料のよさを生かすのが真髄だというが、逆にいえば調理技術が発達せず貧弱で、見た目はよいが量は少なく、あまりにも高くなったので、食べるのは外国人観光客か、金はあるが食欲のない年寄りだけになってしまった。いまやトンカツやサラダや餃子といった新しい日本料理が生まれており、大多数の日本人に古臭くなった日本料理は見放されつつある、という歯に衣着せぬ内容。「日本人に見捨てられた日本料理」という題をつけて編集部に渡したが、知らないうちにセンセーショナルなタイトルに改められ、新聞広告を見た邱さんは度肝を抜かれた。

現在、日本料理は亡びていないが、料亭の数は激減し、国内よりむしろ海外での人気が高くなり、家庭ではカレーやパスタなど海外から取り入れて帰化した料理が幅を利かせている、とほぼ予言どおりになっている。この状況を六〇年以上も前に言い当てたのはさすがだし、そこに目をつけた嶋中さんもすごい。

嶋中夫妻は、邱夫妻共著による料理の本を出すことを勧め続け、二〇年がかりで口説き落として実現したのが、一九八〇年刊行の『暮しの設計』一三四号『邱家の中国家庭料理』である。

『暮しの設計』は『別冊婦人公論家庭特集』を改題し、六三年に創刊した生活雑誌だったが、七七年から一冊ワンテーマの料理ムックに模様替えした。私は八二年に中央公論社の同じ料理ムックである『シェフ・シリーズ』編集部で働きはじめた。吉田好男編集長は『邱家の中国家庭料理』をつくった当時の『暮しの設計』編集長で、邱さんとは旧知の仲。邱飯店に招かれてもいたので、そういう関係もあって邱夫妻は首を縦にふったのかもしれない。

　写真を撮ったカメラマンの吉田和行さんによると、青葉台の邱家に担当の男性編集者二名と通い、苑蘭さんが一人でこつこつ作り上げる料理を撮影した。デジタルカメラとは違って、その頃は4×5（通称シノゴ、横一〇センチ、縦一二・五センチの大判シートフィルム）を用い、大型カメラと大型ストロボを駆使した大がかりな撮影だったから、一品撮るのに長時間、ときには二、三時間かかることもあった。苑蘭さんはさぞや大変だったろう。

　しかし、終わると撮影した料理を全員で味わい、それはそれは楽しくおいしく、珍しい料理ばかりで勉強にもなったという。同じ大型カメラを担いで編集者たちと赴いた台湾取材には途中から邱さんが合流し、有名人の本ということで、市場取材では材料をきれいに並べ直してくれるなど、どこでも協力的だったそうだ。

　吉田好男編集長は邱さんのことが大好きで、邱家の料理がいかにおいしいか、その気さくで気取らずユニークなお人柄や、金儲けの発想がいかにクリエイティブかなどをしょっちゅう話してくれた。おかげで私は会ったこともない「きゅーさん」に、よく知っているおじさんのような親近感を抱くようになってしまった。その後、二二五号から終刊まで『暮しの設計』編集長をつとめさせていただき、短い期間だったが嶋中さんの指導を受けたのは得がたい経験になった。こうして駄文を載せてもらえるのは、思いもよらなかった光栄である。

（はたなか・みおこ　食文化研究家）

ま　行

や　行

さ　行

邱飯店来客名簿
（人名索引）

あ　行

か　行

『邱飯店のメニュー』

単行本　一九八三年二月、中央公論社

文　庫　一九八五年十二月、中公文庫

一、本書は中公文庫版『邱飯店のメニュー』を改題したものである。刊行にあたり、あらたに『邱家の中国家庭料理』（一九八〇年十月、中央公論社）より「菜単のたて方」「野鶏巻」「芋頭扣肉」を収録、人名索引を付した。

一、本文中に今日の人権意識に照らして不適切な語句や表現が見受けられるが、著者が故人であること、執筆当時の時代背景と作品の文化的価値を考慮し、底本のままとした。

（編集部）

中公文庫

邱《きゅう》飯《はん》店《てん》交《こう》遊《ゆう》録《ろく》
——私《わたし》が招《まね》いた友人《ゆうじん》たち

2022年9月25日　初版発行

著　者　邱《きゅう》　永《えい》　漢《かん》

発行者　安部順一

発行所　中央公論新社
〒100-8152　東京都千代田区大手町1-7-1
電話　販売 03-5299-1730　編集 03-5299-1890
URL https://www.chuko.co.jp/

ＤＴＰ　嵐下英治
印　刷　三晃印刷
製　本　小泉製本

©2022 Eikan KYU
Published by CHUOKORON-SHINSHA, INC.
Printed in Japan　ISBN978-4-12-207257-2 C1195

定価はカバーに表示してあります。落丁本・乱丁本はお手数ですが小社販売部宛お送り下さい。送料小社負担にてお取り替えいたします。

●本書の無断複製（コピー）は著作権法上での例外を除き禁じられています。また、代行業者等に依頼してスキャンやデジタル化を行うことは、たとえ個人や家庭内の利用を目的とする場合でも著作権法違反です。

各書目の下段の数字はＩＳＢＮコードです。978－4－12が省略してあります。

中公文庫既刊より

き-15-12　食は広州に在り　邱　永漢

美食の精華は中国料理、そのメッカは広州である。広州美人を娶り、自ら包丁を手に執る著者が、蘊蓄を傾けて語る中国的美味求真。〈解説〉丸谷才一

202692-6

き-15-17　香港・濁水渓　増補版　邱　永漢

戦後まもない香港で、台湾人青年がたくましく生き抜くさまを描いた直木賞受賞作「香港」と、同候補作「濁水渓」を併録。随筆一篇を増補。〈解説〉東山彰良

207058-5

き-15-18　わが青春の台湾　わが青春の香港　邱　永漢

台湾、日本、香港――戦中戦後の波瀾に満ちた半生を綴った回想記にして、現代東アジア史の貴重な証言。短篇「密入国者の手記」を特別収録。〈解説〉黒川　創

207066-0

た-34-4　漂蕩の自由　檀　一　雄

韓国から台湾へ。リスボンからパリへ。マラケシュで迷路をさまよい、ニューヨークの木賃宿で安酒を流し込む。「老ヒッピー」こと檀一雄による檀流放浪記。

204249-0

た-34-5　檀流クッキング　檀　一　雄

この地上で、私は買い出しほど好きな仕事はない――という著者は、人も知る文壇随一の名コック。世界中の材料を豪快に生かした傑作92種を紹介する。

204094-6

た-34-6　美味放浪記　檀　一　雄

著者は美味を求めて放浪し、その土地の人々の知恵と努力を食べる。私達の食生活がいかにひ弱でマンネリ化しているかを痛感せずにはおかぬ剛毅な書。

204356-5

た-34-7　わが百味真髄　檀　一　雄

四季三六五日、美味を求めて旅し、実践的料理学に生きた著者が、東西の味くらべはもちろん、その作法と奥義も公開する味覚百態。〈解説〉檀　太郎

204644-3

や-1-2
安岡章太郎 戦争小説集成
安岡章太郎
軍隊生活の滑稽と悲惨を巧みに描いた長篇「遁走」ほか、短篇五編を含む文庫オリジナル作品集。巻末に開高健との対談「戦争文学と暴力をめぐって」を併録。
206596-3

や-1-3
とちりの虫
安岡章太郎
ユーモラスな自伝的回想、作家仲間とのやりとり、鋭く笑える社会観察など、著者の魅力を凝縮した随筆集。阿川弘之と遠藤周作のエッセイも収録。〈解説〉中島京子
206619-9

や-1-4
私の濹東綺譚 増補新版
安岡章太郎
名作の舞台と戦争へと向かう時代を合わせて読み解く、昭和の迷宮への招待状。評論「水の流れ」を増補し、荷風『濹東綺譚』を全編収載。〈解説〉高橋昌男
206802-5

や-1-5
利根川・隅田川
安岡章太郎
流れに魅せられた著者が踏査したユニークな利根川紀行と、空襲前の東京の面影をとどめていた隅田川の思い出を綴った好エッセイ。〈巻末エッセイ〉平野 謙
206825-4

さ-80-1
佐藤春夫台湾小説集 女誡扇綺譚
佐藤春夫
廃墟に響く幽霊の声「なぜもっと早くいらっしゃらない？」。台湾でブームを呼ぶ表題作等百年前の台湾旅行に想を得た今こそ新しい九篇。文庫オリジナル。
206917-6

さ-80-2
佐藤春夫中国見聞録 星／南方紀行
佐藤春夫
「日本語で話をしない方がいい。皆、日本人を嫌っているから」——中華民国初期の内戦最前線を行く「南方紀行」、名作「星」など運命のすれ違いを描く九篇。
207078-3

う-37-1
怠惰の美徳
梅崎春生
荻原魚雷編
戦後派を代表する作家が、怠け者のまま如何に生きてきたかを綴った随筆と短篇小説を収録。真面目で変でおもしろい、ユーモア溢れる文庫オリジナル作品集。
206540-6

う-37-2
ボロ家の春秋
梅崎春生
直木賞受賞の表題作と「黒い花」をはじめ候補作全四篇に、小説をめぐる随筆を併録した文庫オリジナル作品集。〈巻末エッセイ〉野呂邦暢〈解説〉荻原魚雷
207075-2

各書目の下段の数字はISBNコードです。978-4-12が省略してあります。

う-37-3
カロや 愛猫作品集
梅崎春生
吾輩はカロである――。「猫の話」「カロ三代」ほか飼い猫と家族とのドタバタを描いた小説・随筆を中心に編集した文庫オリジナル作品集。〈解説〉荻原魚雷
207196-4

あ-13-4
お早く御乗車ねがいます
阿川弘之
にせ車掌体験記、日米汽車くらべなど、日本のみならず世界中の鉄道に詳しい著者が昭和三三年に刊行した鉄道エッセイ集が初の文庫化。〈解説〉関川夏央
205537-7

あ-13-5
空旅・船旅・汽車の旅
阿川弘之
鉄道のみならず、自動車・飛行機・船と、乗り物全般に並々ならぬ好奇心を燃やす著者。高度成長期前夜の交通文化が生き生きとした筆致で甦る。〈解説〉関川夏央
206053-1

あ-13-6
食味風々録
阿川弘之
生まれて初めて食べたチーズ、向田邦子との美味談義、海軍時代の食事話など、多彩な料理と交友を綴る、自叙伝的食随筆。〈巻末対談〉阿川佐和子〈解説〉奥本大三郎
206156-9

あ-13-8
完全版 南蛮阿房列車（上）
阿川弘之
北杜夫ら珍友・奇人を道連れに、異国の鉄道を乗りまくる。ユーモアと臨場感が満載の鉄道紀行。上巻は「欧州畸人特急」から「最終オリエント急行」までの十篇。
206519-2

あ-13-9
完全版 南蛮阿房列車（下）
阿川弘之
ただ汽車に乗るためだけに、世界の隅々まで出かけた紀行文学の名作。下巻は「カンガルー阿房列車」から「ピラミッド阿房列車」までの十篇。〈解説〉関川夏央
206520-8

よ-17-9
酒中日記
吉行淳之介編
吉行淳之介、北杜夫、開高健、安岡章太郎、瀬戸内晴美、遠藤周作、阿川弘之、結城昌治、近藤啓太郎、生島治郎、水上勉他――作家の酒席をのぞき見る。
204507-1

よ-17-10
また酒中日記
吉行淳之介編
銀座や赤坂、六本木で飲む仲間との語らい酒、先輩たちと飲む昔を懐かしむ酒――文人たちの酒にまつわる出来事や思いを綴った酒気漂う珠玉のエッセイ集。
204600-9

よ-17-12

贋食物誌《にせしょくもつし》

吉行淳之介

たべものを話の枕にして、豊富な人生経験を自在に語る、洒脱なエッセイ集。本文と絶妙なコントラストを描く山藤章二のイラスト一〇一点を併録する。

205405-9

よ-17-13

不作法のすすめ

吉行淳之介

文壇きっての紳士が語るアソビ、紳士の条件。著者自身の酒場における変遷やダンディズム等々を通して「人間らしい人間」を指南する洒脱なエッセイ集。

205566-7

よ-17-14

吉行淳之介娼婦小説集成

吉行淳之介

赤線地帯の疲労が心と身体に降り積もり、街から抜け出せなくなる繊細な神経の女たち。「赤線の娼婦」を描いた全十篇に自作に関するエッセイを加えた決定版。

205969-6

よ-17-16

子供の領分

吉行淳之介

教科書で読み継がれた名篇「童謡」など、早熟でどこか醒めた少年の世界を描く十篇。随筆「子供の時間」他一篇を付す。〈巻末エッセイ〉安岡章太郎・吉行和子

207132-2

よ-5-8

汽車旅の酒

吉田健一

旅をこよなく愛する文士が美酒と美食を求めて、金沢へ、そして各地へ。ユーモアに満ち、ダンディズムが光る汽車旅エッセイを初集成。〈解説〉長谷川郁夫

206080-7

よ-5-9

わが人生処方

吉田健一

独特の人生観を綴った洒脱な文章から名篇「余生の文学」まで。大人の風格漂う人生と読書をめぐる随想集。吉田暁子・松浦寿輝対談を併録。文庫オリジナル。

206421-8

よ-5-10

舌鼓ところどころ／私の食物誌

吉田健一

グルマン吉田健一の名を広く知らしめた「舌鼓ところどころ」、全国各地の旨いものを紹介する「私の食物誌」。著者の二大食味随筆を一冊にした待望の決定版。

206409-6

よ-5-11

酒談義

吉田健一

少しばかり飲むというの程つまらないことはない——。飲み方から各種酒の味、思い出の酒場まで、ユーモラスに綴る究極の酒エッセイ集。文庫オリジナル。

206397-6

各書目の下段の数字はISBNコードです。978-4-12が省略してあります。

よ-5-12
父のこと
吉田健一
ワンマン宰相はワンマン親爺だったのか。長男である著者の吉田茂に関する全エッセイと父子対談「大磯清談」を併せた待望の一冊。吉田茂没後50年記念出版。
206453-9

よ-5-13
酒宴／残光 吉田健一短篇小説集成
吉田健一
翻訳、批評から小説へと自在に往還し独自の文学世界を築いた文士・吉田健一。その初期短篇小説集『酒宴』『残光』の全一七篇を収録。〈解説〉富士川義之
207194-0

ま-17-13
食通知ったかぶり
丸谷才一
美味を訪ねて東奔西走、和漢洋の食を通して博識が舌上に転がすは香気充庖の文明批評。序文に夷齋學人・石川淳、巻末に著者がかつての健啖ぶりを回想。
205284-0

ま-17-14
文学ときどき酒 丸谷才一対談集
丸谷才一
吉田健一、石川淳、里見弴、円地文子、大岡信ら一流の作家・評論家たちと丸谷才一が杯を片手に語り合う。最上の話し言葉に酔う文学の宴。〈解説〉菅野昭正
205500-1

し-15-15
味覚極楽
子母澤寛
〝味に値無し〟——明治・大正のよき時代を生きた粋人たちが、さりげなく味覚に託して語る人生の深奥を聞書き名人でもあった著者が綴る。〈解説〉尾崎秀樹
204462-3

し-31-6
食味歳時記
獅子文六
ひと月ごとに旬の美味を取り上げ、その魅力を一年分綴る表題作ほか、ユーモアとエスプリを効かせた食談を収める、食いしん坊作家の名篇。〈解説〉遠藤哲夫
206248-1

し-31-7
私の食べ歩き
獅子文六
日本で、そしてフランス滞在で磨きをかけた食の感性と、美味への探求心。「食の神髄は惣菜にあり」との境地を綴る食味随筆の傑作。〈解説〉高崎俊夫
206288-7

つ-26-1
フランス料理の学び方 特質と歴史
辻静雄
フランス料理の普及と人材の育成に全身全霊を傾けた著者が、フランス料理はどういうものなのかについてわかりやすく解説した、幻の論考を初文庫化。
205167-6